核心素养下
高中历史教学的
创新研究

彭明光 / 著

中国文联出版社

图书在版编目（CIP）数据

核心素养下高中历史教学的创新研究 / 彭明光著
. — 北京：中国文联出版社，2023.8
ISBN 978-7-5190-5283-6

Ⅰ. ①核… Ⅱ. ①彭… Ⅲ. ①中学历史课—教学研究
—高中 Ⅳ. ①G633.512

中国国家版本馆CIP数据核字（2023）第143969号

著　　者　彭明光
责任编辑　刘　旭
责任校对　秀点校对
装帧设计　刘贝贝　李　娜

出版发行　中国文联出版社有限公司
社　　址　北京市朝阳区农展馆南里10号　　邮编　100125
电　　话　010-85923025（发行部）　010-85923091（总编室）
经　　销　全国新华书店等
印　　刷　北京四海锦诚印刷技术有限公司

开　　本　710毫米×1000毫米　　1/16
印　　张　14.25
字　　数　204千字
版　　次　2023年8月第1版第1次印刷
定　　价　58.00元

前言

核心素养为高中历史教学指明了方向，实现了教学内容的重组，对于学生学科关键能力的提升有重要作用，使学生能够怀古缅今，获得多元化的发展。教师通过引导学生开展探究性学习，如根据历史年表探究历史内容、了解地方史实等，进一步增强学生的学习体验，突破学生历史学习的困境，促进学生历史核心素养的发展。

本书共五章：首先对核心素养培育的基本理论以及研究背景做了简要介绍；其次阐述了核心素养下高中历史教学的内容，其中包括丰富基于核心素养的课程内容、优化基于核心素养的教学方法、组织基于核心素养的学习活动、开发基于核心素养的教学资源以及构建基于核心素养的评价体系；再次分析了核心素养下高中历史教学创新设计，让读者对高中历史教学创新设计的内容研究有了全新的认识；然后对历史学科核心素养下高中历史教学研究进行了较大幅度的改进；最后从多维度阐述了历史学科核心素养与教师专业发展，充分反映了21世纪我国在高中历史教学应用领域的前沿问题，力求让读者充分认识核心素养下高中历史教学研究的重要性和必要性。本书兼具理论与实际应用价值，可供广大历史教学相关工作者参考和借鉴。

历史核心素养点亮了历史时空，也在一定程度上增强了学生的学习体验，可以让学生更好地掌握学科学习的要领，从而提高学生的综合素养。在核心素养的大背景下，为了加强学科教学的实效性，让学生能够更好地掌握学习的课题，教师应在此基础上，以“核心素养”为指导，探讨如何在历史学科中进行培养。在培育核心素养的实践中，我们应该聚焦民族情感，体悟大国精神，培养家国情怀；正确使用历史资料，培养学生对历史资料的分析与处理能力；通过对历史和时间的穿插学习，培养学生对时间和空间的概念；从历史的本质出发，进行唯物史观的教育；对历史知识进行重构，对学生的历史解读能力进行加强，采取多种措施，在整体上提高学科教学的有效性，培养学生的学科核心素养。除此之外，在核心素养的背景下，教师也应该对过去的教学模式进行改变，将重点放在改变教学方式上，比如，要将信息化教育的优势充分利用起来，为学生创造出一个高效的历史课堂，让学生可以自主预习、查阅资料、解答疑问，并对历史事件有更为深刻的思考。

目录

第一章

核心素养培育
——新时代的历史学科育人导向

第一节　对接时代需求，突破育人瓶颈

一、我国社会发展需要培育新型人才

（一）深化改革开放，呼唤新型人才

1978年党的十一届三中全会以来，中国对内进行改革，激发了民族的活力；在国际大势下，向外开放，国家的近代化程度得到了迅速提高。今天，中国同全世界的关系越来越密切，全世界的发展为中国提供了机会，中国的发展也为全世界带来了好处。当前，国际上正掀起一场新的科技与产业变革。机者如神，难遇易失。中国在历史的长河中，始终保持着旺盛的创新活力，科技发展的速度也是一日千里，特别是在过去的五年里，随着“中国制造2025”的提出，以及物联网、大数据、云计算等新兴技术的提出，一批又一批的重要科技成果，如航天、海洋工程、集成电路以及国家“大科学计划”等。日前，“神威太湖之光”“天河二号”等全球最大计算机500名排行榜出炉，显示出中国在这方面的领先优势。QQ、微信、淘宝、支付宝、共享经济，这些新兴的事物，都在快速地发展，这表明中国的信息技术正在不断地革新和发展。这一切都显示出中国对于“知识经济”的高度重视，显示出中国已是一个“科技大国”，并且正在迈向“科技强国”的步伐。

同时，中国的知识经济还处于一个相对比较脆弱的阶段。目前，尽管中国已是世界上最大的经济体，但中国在世界上的竞争力仅排在第

27位，主要贡献源自其庞大的市场体量和宏观经济环境，而初等教育的排名为第28位，高等教育排名为第47位，创新排名为第28位。中国经济发展水平与欧美等发达经济体以及亚洲的新加坡、日本等国家相比，仍有较大差距。中国有一大批“会应试的人”，却没有一批“会创新的人”，科学研究与创新还没有成为决定中国经济发展水平的一个重要因素。为了扭转这种局面，党和国家相关部门迅速地做出了战略抉择。为了促进“创新”和“创造”，国务院出台了《关于大力推进大众创业万众创新若干政策措施的意见》。党的十八届五中全会更是将“创新发展”排在五个发展新理念的首位，把创新作为引领发展的第一动力，把科技创新摆在国家发展全局的核心位置，大力实施创新驱动发展战略。基于此，党的二十大报告又提出了“加快建设创新型国家”的目标，并指出创新科技要为建设科技强国、质量强国、航天强国、网络强国、交通强国、数字强国、智慧社会提供有力支持。这就要求我国的教育发展与人才培养必须顺应时代潮流、顺应国家战略。以进一步深化教育改革，加速教育现代化进程，更好、更快地提高国人的创新素质和实践能力，这已经成为新时代下全社会的共识，也是新时代下的迫切需要。

党的十一届三中全会以来，中国主动融入全球化进程。以创建经济特区为起点，中国逐步深化对外开放。中国以其在全球范围内的参与和接受全球的产业转移而被称为“世界工厂”。“入世”十多年以来，随着中国与世界经济的进一步一体化，大批中国企业纷纷“走出国门”，设立境外子公司，进行跨国收购和兼并重组。中国留学生走出国门，海外留学生数量大幅增加，与国家战略及产业需求的契合程度大幅提高，与国际接轨的信心增强；中国政府立足于“以人为本”的理念，倡导共建“一带一路”，并启动亚洲基础设施投资银行，成立“丝绸之路基金”，成功举行“一带一路”国际合作高峰论坛、二十国集团领导人杭州峰会、金砖国家厦门峰会等，中国的国际影响力、号召力持续增强，这一切表明，中国正在逐步成为一个具有国际影响力的国家。然而，国际交往与传播是一个相互影响的过程，中国在崛起之路上也遭遇了许多困难，如何消除误解，树立并展示出一个更好的国家形象，成为中国实现民族复兴所必须面对的现实课题。所以，我们要在我们的教育中，培育一批以一种开放的心态、精通不同的文化并善于运用国际化的语言的年青一代，这样才能把中国的故事讲得更好。《国家中长期教育改革和发展规划纲要》指出："为满足我国经济、社会的开放需求，必须培育一批具备国际化眼光、精通国际规则、能参加国际活动、能参加国际竞赛的国际化人才。"从这一点可以看出，要提高学生的问题解决能力、跨文化交流能力、国际竞争能力以及国际素质。

经过40多年的改革开放，我国已经取得了举世瞩目的辉煌成绩，但是，我国依然是一个发展中国家，仍处在从传统社会到现代社会的过渡阶段，工业化、城市化、信息技术革命同步进行。随着经济的迅速发展和社会的迅速变化，许多问题和矛盾也随之出现。中国幅员辽阔，地域差别大，地区发展极不均衡，社会的复杂性和困难都比世界上任何一个国家都要高。要解决这些问题，解决这些矛盾，解决这些挑战，需要进一步深化改革，其中一个重要的途径就是从教育的发展和人才的培养上寻找出路。当前，我国的基础教育，不管是在课程设置、学习和教学方式，还是在评价机制和管理模式上，都还残留着19世纪中期大工业时代教育形态的诸多痕迹。"智育唯一、分数至上"的应试教育的特点，学科本位、知行分离、知识教条主义和形式主义等现象依然非常严重。这种教学方式难以适应当前国际社会的发展趋势，也难以适应新时期国家对深化改革开放的需要。因此，在2023年开始的新一轮普通高中课程标准修订中，明确提出了以核心素养培养为导向的课程改革理念。从国情出发，通过系统、严谨、深入的理论研究，把新的课程理念应用于教育实践，促进和实现育人模式的真正转型，是当务之急。

（二）培育新型人才，坚持立德树人

新型人才培育不仅要顺应我国社会发展特点，还要符合国家的社会主义本质。在中国共产党的领导下，“新时代”的人才要有坚定的社会主义发展道路，要有坚定的政治信念，要有强烈的政治责任感；培养人才，要与党和国家的教育政策、教育目的相一致。《国家中长期教育改革和发展规划纲要》明确了“以德治国、以人为本、全面实施素质教育”的战略思想，并在此基础上进一步深化了对学生素质的认识。二十大报告提出，要坚持“立德树人”，以培养社会主义新时代的建设者和接班人，必须坚持以“立德树人”为核心的办学方针。这些教育方针和目标对我国目前社会的迫切需求做出了反应，同时也体现出了党和国家对社会主义人才的品德教育的重视程度，并把它放到了新型人才培育的第一位。在此基础上，对《中国学生发展核心素养》课程的开发，可以有效地将课程内容进行整合，从而使课程内容更加丰富。只有理顺了中国学生的核心素质发展与社会主义核心价值之间的联系，确定了“立什么德”“树什么人”，才能把教育思想与教育目标结合起来，并将其贯彻到每一门学科、每一学段，融入推动学生个人的全面发展的教育活动之中，为培养出一种新型人才所必须具备的品质和重要的能力。

新型人才培养不仅要顺应我国社会发展特点，还要与我们国家的历史和文化传统相融合。面向未来，我们怎样才能在一个多元化的资讯社会里，不失发展的初衷？在全球化、多元化的社会背景下，我们该怎样保持自己的价值观？在不断变化的市场环境下，企业该如何突显自己的优势？中华优秀文化是我们的根本，是我们的源泉。中国作为一个有着五千年历史和辉煌文化的古老国家，应当对自己的国家、对自己的文化充满信心。要培育新时代的人才，必须在中国传统文化的土壤上扎根，汲取营养。“中华优秀的传统文化，是我们民族的灵魂，是培育社会主义的核心价值，也是我们在这波澜壮阔的世界立足的根本。”中国传统文化的主要内容是“人”，其目的是要回答什么是理想的人格，什么是人的价值，人的价值如何得到满足，人与人、自然和社会之间的关系，从而形成“正心诚意，修身养德”的理念。其主要内涵包括：“仁民爱物”，以爱人为己，以天下为怀，以对社会的贡献为己任；提倡“孝亲爱国”，强调个人对家乡的眷恋与爱国之情；提倡“重义轻利”，提倡是非分明、见利思义、见义勇为；提倡“以德服人”，提倡诚信自律、守信用、自我反省、自我约束；提倡“礼敬谦和”，提倡谦逊有礼，文明有礼，守法有节。这一思想，折射出了中华传统文化的“以德为本”、以“价值理性”为核心的文化基因。对中华优秀传统文化所蕴含的思想理念、人文精神和道德规范进行深度的发掘，对于遏制“工具理性”在当代文明中的泛滥，培育道德，完善人格，具有重要的现实意义。因此，中华优秀的传统文化对于当今中国来说，是一种珍贵的精神财富，是一种丰富的文化资源，也是一种对中国学生核心素质进行提炼和提高的理论基础，更是一种对中国特色的新型人才的明显的人文标记。

当然，对中华传统文化的继承与创新，也应与其所处的时代特点相适应。中华文化是由一定的社会、经济和历史传统所孕育出来的，它是经过了漫长的时间积累而成的，顺应时代潮流，对外来的优秀文化进行批判性的借鉴，不断地创新、进步和发展，一直都是中华文化的特色。中华文化随着时代的进步，不仅反映了世界一体化的发展潮流，而且也显示出了自己独有的民族特色。只有这样，中华文化才会重新振作起来，中华文化也会因此而拥有永恒的魅力。

综上所述，教育要从中国实际出发，以社会主义办学为导向，以中国优良传统为依托，以培养适应中国社会发展的“新时代”的高素质的人才。在此基础上，历史课程具有很强的教育价值。第一，历史学是一门以人为主体的课程，通过这门课程，我们可以探究自然与人的发展之间的联系，厘清人类文明演化的一般规律，了解当今社会的基本渊源、主要问题以及我们国家在实现社会主义现代化过程中所具有的重大意义，同时也可以帮助我们提高人文素质，培育人文情怀。第二，历史课可以提高学生的自主性。历史学科可以有效地激发学生对于过去、对于历史的求知欲望，帮助他们掌握基本的史学思想方法，并学会集证辨据、诠释评价的基本理论。通过这样的学习体验，可以帮助学生形成独立思考的习惯，并培养他们自主探索的学习能力。第三，历史课可以培养学生完善的个性。历史是一门“人”的学问，古今中外的哲人，他们对生命意义的深邃的思索，以及他们的自爱、乐观、坚强的生活态度，使他们的人格在生理、心理、道德和社会等方面达到了一个完美的统一、平衡和和谐。第四，历史课可以提高学生的参与性。古代中国的辉煌成就和现代中国的坎坷，为人们的家国情怀和民族认同的形成提供了宝贵的物质基础。同时，地域文化的多样性，以及当代社会的整体化与全球化，都为培养人才的国际了解与全球素质提供了宝贵的资源。这两类优秀的教学资源的有效结合，有利于培养学生参与的多样性、开放性、互通性和互动性。总之，历史学对培养新时代的人才有着特殊的滋养功能。

二、新型人才培育需要深化育人观念

（一）“二期课改”在学科育人方面已取得的成效

1. 以学生发展为本的课程理念渐入人心

新中国成立以来，我国中学课程的理念及目标经历了一个不断发展与完善的演变过程。以历史学科为例，课程目标大致经历了如下几个阶段：第一阶段，从新中国成立之初到1978年，在此期间，高中历史课程的主要内容是讲授基本功，讲授历史唯物主义，特别是讲授阶级斗争，讲授人民群众是历史的创造者，讲授劳动创造的价值。第二个阶段为“拨乱反正”（1978—1986年），此阶段主要表现为：逐渐改正“左”的倾向，并在此基础上回归到原来的教学目的。第三个阶段，跨入21世纪（1986—2001年），在国际上掀起了一场新的教育变革浪潮，20世纪80年代中叶，我国的高中历史教育也开始了新一轮的教育变革，从“知识立意”转向了“能力立意”，并在此基础上，进一步加强了对学生的学习能力，增强了学生的学习兴趣，增强了学生的综合素质。

进入21世纪，随着科技的飞速发展，人类社会的全球化进程也在加快。随着新时期的到来，中国的中小学相继开展了“二期课改”，并按照党中央和国务院提出的“教育要面向现代化，面向世界，面向未来”“教育要服务于社会主义现代化，要与生产劳动紧密联系，要培养社会主义事业的德智体全面发展的建设者和接班人”的方针，制定了新的课程标准，建立了新的教学模式。“二期课改”提出了“以人为本，以人的全面发展、人的可持续发展为目标”的教学思想。“二期课改”把课程的重点转移到了对学生的“发展”上，这是对学科方向的一次重要调整。在这种情况下，中学历史的课程定位也随之改变，无论是在国家还是地方，大部分的课程标准都着重强调了如下两点：第一，中学历史课程是一门用历史唯物主义的观点来解释人类历史发展过程和规律的人文社会科学的基本课程。第二，中学历史课程可以让学生更好地了解人类文明的发展历程。培养具有良好的人生观、价值观，是培养当代社会的一项基本任务。从这一点来看，“二期课改”提出了“以人为本”的高中历史教育理念，强调了历史唯物主义在人们对历史的认识和对当代公民的人文素质的培养中所起到的作用，中学历史学科的课程目标也发生了很大的变化，在“知识与能力”“过程与方法”“情感态度与价值观”三维目标的整体框架下，突出了历史学习的过程与方法，比如学习运用历史唯物主义的基本观点和方法；掌握“论从史出”和“史论结合”的历史研究方法；把重点放在了探究学习上，要擅长从多个角度去发现问题，要主动去寻找解决问题的途径等。注重学习的过程与方法，可以帮助学生创造出一种好的学习体验，在这种体验中，可以理解知识、发展能力，从而有利于学生的情感的积累与升华、态度的倾向与转变、价值观的形成与发展。而情感态度与价值观目标，将历史教育的政治教育功能、社会教育功能和人的发展教育功能有机地结合在一起，对学生提出了要学习如何做人的要求。与此同时，注重学生人文素养和科学精神的培育。

2. 对学科育人价值的理论研究初见成效

上海市在全国率先启动中小学学科育人价值研究工作。很快，高中历史小组就有了自己的研究计划，并成立了一个研究组。在已完成《晚清以来中学历史学科育人价值比较研究》《美英日苏中学历史学科育人价值比较研究》和《上海市中学历史学科育人现状分析报告》等三个专题报告的基础上，编制《中学历史学科育人价值研究报告》，编制《中学历史学科育人指导意见》。

在课题研究成果《知真　求通　立德——中学历史学科育人价值研究》一书中，对当下历史学科育人价值做了如下定位：历史学科育人价值的定位包括“知真”“求通”“立德”三个层面，它们共同构成了历史学科育人价值的精髓。

历史学教育的核心是“知真”。“真”是史学的价值所在，“知”是史学认知的基础。“知真”是教育的根本。

历史学教育的核心是“求通”。历史有其自己的发展规则，理解历史有其内在的逻辑。要达到历史与逻辑的一致，就必须培育出一种无征不信、孤证不立、因时因地、通古论今、鉴往知来、明辨事理的史学思维方法。“求通”是一种在教育中实现其价值的途径。

历史学教育的核心是“立德”。从培养“高素质公民”这一教育目的出发，要从“高素质”的角度，确立“高素质人才”的学术理念与“高质素”的兼容性；在思想理念方面，要树立“家”“国”“民”的世界观；从立场上，要有责任感，要有个性。而前两种又是后四种意识的基础。“立德”是教育教学的最终目的。

对上述六种意识的具体认识如下：

（1）“史由证来、证史一致、史论结合、论从史出，鉴别识史，讲求一份证据讲一份话，孤证不立，无征不信”的证据意识。

（2）“已知的历史是人们对于客观历史的认识，在持续的历史探究过程中，应当尊重和理解不同的探索和思考”的兼容意识。

（3）“中华文明有着悠久辉煌、砥砺曲折的历史，继承优秀传统文化，弘扬民族精神，民族复兴是每个中国公民应有的觉悟和责任”的国家意识。

（4）“人类文明是世界各民族交融冲突、共同创造的结果，多样性、阶段性和普遍联系是其最基本特征”的全球意识。

（5）“历史是人类文明传承和创新不可或缺的组成部分，传承人类文明，保护文化遗产是每个公民的权利和义务”的责任意识。

（6）“今天是过去的变化和发展，历史中蕴含着人类过去的经历、智慧和经验，学史是人生存和发展的渊源、修养与超越”的人格意识。

从以上文字中我们认识到，“知真”是源自本体的认识，“求通”是通往实践的桥梁，“立德”则是追求终极的诉求。可见，上海的探索在全国领先一步，具有创新意义，回答了在当今时代背景下历史学科育人的价值内涵问题。

3. 对学科育人方法的实践探索持续深入

“二期课改”实施后，在历史课程的教学实践中形成的关于“好课标准”的共识，越来越多地体现为“学科教育”的价值取向。在“教什么”这一层次上，“求真”是一堂可圈可点的历史课程的基本要求，历史教学应更加注重民族认同、文化尊重，培养合格的全球公民、“以历史意识为教学重点，以历史思维为中心”等理念，都指出了一堂好课程应当具有育人的核心价值，并以此来确定教学目标，进行教学内容的选择与组织。在“怎么教”这一层次上，从一般的教法角度来看，“二期课改”实施后，最大的变化就是注重生成式的教法，并充分发挥了对学生主体性的尊重。在教育方式的层次上，讲出“历史味”已逐渐变成一种追求，它包含着两个方面，即“讲出历史的故事”和“讲出历史的思维方式”，这是对“讲出历史”的一种尊重。

与此同时，在“课程内容主旨与史学思想方法有机融合”的理念的指引下，历史教师们在应该怎样进行历史学科的教育实践方面，取得了如下的一致意见：一是以历史唯物主义为指导，对所教内容进行全面、客观、透彻的认识，从中提炼出该课程的主要内容，从而确立该课程的教学思路；二是以课标为依据，以教育理念为指导，针对不同地区、不同学校的不同文化特征，依据不同的发展需求、不同的认识程度、不同的教学目标，制定适宜的教学目标；三是要重视历史学习的逻辑，重视学生认识的逻辑；四是在资源的利用上，要充分利用文献资料，发掘历史的进程与细节，突出人类的创造性行为与精神世界；五是要以学生为中心，以动静结合、知行合一的方式，以情境创设、参与、体验等方式，使教育效应内化，并以史料研读、问题探究等形式，为学生演示探索历史真相的过程；六是在教学方法上，要尊重每个同学，注意同学们的问题和意见，要多听、多讲、多用，这样才能使教学目的在生成式的教学中自然而然地达到，从而提升了育人的效果。这种“一致”，一方面是反映了“一致”的教学理念，也就是以“立意”为基础，以“一致”为中心来实施教育，使得教育更加集中，教育更加高效。另一方面，相对于以往的教师行为规范，又有了许多革新，比如，“课”要有“魂”，也就是“立意”；在教学中，应遵循历史学习的逻辑与认识的逻辑；要充分利用史料对历史真相的探索，更好地对数字资源进行综合开发；教师要起到带头和示范的作用，并对学生进行迁移和模仿。这一切都指向了历史教育中“知真”“求通”“立德”的价值取向。

（二）“二期课改”在学科育人方面需要突破的瓶颈

1. 学科育人价值与育人总目标之间的关系有待厘清

“二期课改”已经进行了十多年，虽然“以学生为中心”的思想已经深入人心，教师们已经形成了一种共同的观点，但是，我们需要更多的、更准确的、更高层次的知识，来帮助教师们更好地聚焦于“育人”这一总体目标，更好地掌握教育的大方向。与此同时，育人是一个整体意义上的范畴，因此，在对育人的总目标进行清晰定义的前提下，还必须对学科育人价值与育人总目标之间的联系进行明晰，将学科育人与育人总目标之间的内在联系进行打通，进而推动学科育人、实践助力育人总目标的实现。

2. 学科育人目标的内涵有待明确与细化

在高中阶段，新课程的实施必须遵循学科的基本特点，遵循学生的学习规律。从历史学科的角度来看，在实施这门学科时，既要尊重历史学科的逻辑，又要尊重学生的认识逻辑。“二期课改”实施后，历史学科的学习逻辑已经在教学实践中得到了充分的体现，例如，充分利用史料对历史的探究、理解和阐释等。在此基础上，新的课程目标由“双基”发展到“三维”，也就是在三个层面上构建新的课程体系。但是，三维目标并非三个相互独立的目标，而是由三个层面构成的，即“在这个过程中，方法学得通、知识得通、能力得通、情绪态度得通、价值得通”。“三个维度”的目标，强调了“三个层次”的综合作用，并提出了“一、二、三个层次的综合作用”。但是，从具体实施来看，“三个层次”的教育目标仍有诸多缺陷：一是对“三个层次”的教育目标没有给予足够的重视；二是对人的发展的内涵，尤其是对人的重要品质，缺少明确的表述和科学的界定。这表明，在三维目标中，“只能看到维度，看不到内容”的情况正在逐步出现，目标虚无、目标宏大、目标抽象、目标单一等现象仍然比较常见。所以，我们必须从“三个维度”的目标转向“三个层次”，以达到“三个维度”的目标。与此同时，在课程标准的顶层设计上，对于历史学科在教育中的作用，还存在着一片空白，没有找到一门学科无法取代的本质内涵和核心作用。为此，迫切需要对每一门学科的教育目标进行明确。

3. 学科育人的自觉意识有待提高

随着时间的推移、学科的发展，社会对人才的需求也在发生着改变，这就需要我们在认识学科教育的内涵方面与时俱进，并在实践方面进行创新。但是，从目前教育教学的现实情况来看，思想进步仅仅停留在口号上，而行动却仍然落后，这种情况仍然十分普遍，以不变应万变、知识目标至上、考试分数为重的新瓶装旧酒的现象仍然比较严重。在过去的一二十年时间里，我国教育主管部门和研究机构推出了许多与育人目标相关的新理念、新名词、新概念。但是，有些教师觉得这些都与自己没有任何关系，因此他们会缺少积极的学习和实践的动机，甚至会对此产生一定的抵触。因此，在“二期课改”实施后，如何使广大教师对学科教育的内涵有一个新的认识，从而增强其在学科教育中的作用，成为当前亟待解决的一个重要问题。在此背景下，“核心素养”与“学科核心素养”的确立，不仅具有时代价值，而且也是深化新一轮课程改革的必然要求。

第二节 开展域外观察，把握素养特征

一、国际组织和世界各国的核心素养框架

在现代社会中，基于电子计算机、互联网、人工智能等技术的日新月异，伴随着信息技术和全球化进程的深入，世界的经济形式和人们的工作形式都在持续地改变着。与此同时，伴随着全球的快速发展与变革，也使得我们的将来充满了不确定性，而我们社会的复杂性也越来越突出，自然的、科学的、人文的、伦理的，各种各样的挑战与风险都在持续增长。在多极与单边，文化多元化与狭隘民族主义，全球化与贸易保护主义之间的相互冲击与碰撞，也使各种矛盾激化。当今世界的发展潮流和随之而来的各种问题，深刻地影响着我们的教育，也给我们的培养带来了新的挑战。在大格局、大时代和大变化中，每一个人都应该怎样发展自己，怎样选择自己的专业，怎样明辨稂莠，怎样培养自己的竞争能力，怎样与社会融合，怎样培养自己的人文主义精神，怎样保持自己的国家文化，怎样保持自己的世界观，这都是一个很有意义和很有价值的问题。在这一背景下，一些国家和国际机构纷纷对培养学生的核心素质进行了研究，一些国家走的是“全面路线”，基本涵盖了学生的全部素质；有些国家走的是简单的道路，关注一些关键的、高层次的成就。虽然在内容、方式上有所差异，但是它们的目标是一致的，那就是要迎接21世纪的挑战。

（一）国际组织的学生核心素养框架

自1997年以来，经济合作与发展组织（OECD）、联合国教科文组织（UNESCO）、欧盟（EU）等多个组织都对其进行了深入的探讨。

经济合作与发展组织制定的核心素养框架将核心素养划分为三大类别九项。三大类侧重于不同的层面：硬实力，即使用各种工具进行交互；软实力，即与异质性群体进行沟通交互；软硬体结合，即具有自主行为能力，这些能力之间互相交叉、互相渗透，共同组成了核心素质的基本要素。这个架构以反思为中心，将各个核心素养进行了整合，超出了传统知识和技巧的范畴，目的是为了培养学生能够适应全球化、知识经济和技术变革的时代需求，从而达到个人和社会的双赢。

（二）欧盟——八项素养

欧盟所确定的八项核心素养，包括了母语交流、外语交流、社会和公民能力、文化意识与表达四项。它们都说明了，在全球化的趋势之下，国家与国家之间、人与人之间的相互依存关系越来越强烈，公民应当拥有一种包容的态度和一种合作的态度，能够与周围的世界进行交流与互动。数字能力与科技能力，是"互联网+"与大数据时代下，一个国家一个民族必备的两种信息素质。学会学习，积极意识和创新精神这两项核心素养，它们是指公民个体在适应未来社会、实现个人成功的自主行动能力。

欧盟的"核心素养"是欧盟新教育的基本理念，它勾勒出了一幅关于教育发展的共同图景，同时也为各国在制定教育政策和进行课程改革方面提供了一个可以参考的框架和方向。每个国家和地区都努力使自己的教育与国际社会的发展同步，以发展符合自己实际情况的教育。

（三）联合国教科文组织——七个维度

20世纪60年代，联合国教科文组织首次在全球范围内提出了"终生教育"这一理念，并通过对全球许多国家的个案进行调查和分析，出版了《走向终身学习——每位儿童应该学什么》一书，其中的主旨是：

一个转型：教育应该从工具性目标（把学生培养成提高生产力的工具），转型为人文目标（学生在情感、智力、身体、心理等方面的潜能与品质，都可以在学习中得到发展）。

七个维度：教育应该从身体健康、社会情绪、文化艺术、文字沟通、学习方法与认知、数字与数学、科学与技术七个方面来进行。

表1–1　欧盟（EU）的学生核心素养内容

母语交流	外语交流	数学能力&科学技术方面的基本能力	数字化能力	社会和公民能力	主动意识创新精神	文化学习意识	学习与表达
对于批判性和建设性对话的倾向，欣赏审美素质并愿意为其争取，与他人交流的兴趣	欣赏文化多样性，对语言和跨文化交流的兴趣和好奇心	数学能力：对真理的尊重，积极寻求理由并评估其有效性；科学技术：敏锐的鉴赏力和好奇心，对道德问题有兴趣，尊重安全和可持续发展，尤其是科学技术的进步与个人、家庭、社区和全球问题的联系	对可用信息的批判性和反思性态度，并负责任地使用互动媒体，因为文化、社会或职业原因从事社区和网络方面的工作	合作、自信与正直的态度，对社会经济发展和跨文化交际有兴趣，重视多样性和尊重他人，并做好克服偏见和妥协的准备	在生活和工作中的主动性、活动性、独立性和创新性，达到目标的动机和决心	对自己文化的理解以及认同感，从而以开放的态度尊重文化表达的多样性	有较强的求知欲，有较强的毅力；有较强的个人或团体组织学习能力；了解学习过程中的目标、机遇、解决问题的能力；根据现有知识获得新知识的能力、动力和信心

教科文组织主张，采取立法方式，在不同的国家和地区，确定学生的终身学习能力的核心素养，为他们的教育打下基础。

（四）欧盟成员国的学生核心素养框架

受欧盟核心素养框架的影响，英国、法国、德国等国家也相继制定了相应的核心素养。

英、法、德三个国家的学生的核心素养都以语言能力、信息能力、团队合作能力为主要目标，但三个国家的学生的核心素养各有不同。例如，德国对学生在复杂情况下的应变能力和独立行为能力的要求，都是非常详细的，不仅重视对学生的心理品质的要求，还特别重视对他们的批判性、创造性思维能力的培养，更是突出了他们的领袖能力。

（五）亚太发达国家的学生核心素养框架

1. 美国——21世纪核心技能框架

2002年，美国正式启动21世纪核心技能研究项目，创建美国21世纪技能联盟（Partnership for 21st Century Skills，简称P21），努力探寻学生21世纪获得成功的技能。

美国21世纪核心技能的三大类：

第一类是“学习和创新能力”，包括创造性、批判性思维，解决问题、沟通和协作能力。

第二类是资讯媒体与科技的能力，主要包括资讯媒体与资讯科技的能力。

第三类是“生存和工作能力”，主要包括弹性和适应性、积极主动和自我导向、社交和跨文化沟通、效率和责任感、领导和责任感。

这三大类的核心能力是指在未来的工作与人生中必须具备的技能知识与专业智力，是内容知识、具体技能、专业智力与个人综合素质的综合。实现各类“核心能力”的目标，需要以素质为基础的“核心学科”和21世纪的核心能力专题为基础。

2. 日本——21世纪型能力框架

在经济全球化进程加快的同时，日本社会的一些重大问题也日益突出，例如：如何合理地配置有限的资源、现代家庭的少子化、人口的老龄化等。日本面临着国际环境和社会环境的变革之际，强化基础设施建设、发展现代化教育、培育高质量、高素质的21世纪人才已是当务之急。

“21世纪型能力”，就是21世纪日本人所需要的竞争力。

21世纪型能力包括：

基础能力——处理语言数学和信息的工具和技能。

思考能力——面对问题，可以有自己的思维，可以与别人进行讨论，可以进行整合研究，可以找到更好的解决方案，还可以学习到新的知识，并不断地深入探索。

实践能力——在日常生活中，在社会环境中，发现各种问题，并利用所学到的技巧，寻求一种有益于自身发展与裨益社会的方法。

基于此，日本教育部门提出了学生的学习能力的三个要素：一是学生的基本知识与技能；二是对思维能力、判断能力、表达能力等的灵活运用；三是对研究有浓厚的兴趣。

3. 新加坡——21世纪核心素养框架

在21世纪的全球化过程中，人口的变化与科学技术的发展，是推动人类社会变革的重要因素。

新加坡核心素养框架由三个方面组成，主要包括：核心价值观，社会与情绪控制技巧，以及21世纪基础能力。将尊重、诚信、关爱、抗逆、和谐、负责放在框架的中心位置，这是素养框架中的核心与决定性因素，它决定了社会及情绪管理能力。社会和情感管理技巧主要表现在自我认识、自我管理、自主决策、社会认知、人际关系管理等方面。在21世纪，核心素质在社会、情感等方面发挥着重要作用，并最终确定了特定的技能培养类型。

新加坡政府对21世纪新技能的定义，主要有三个方面：一是沟通、合作和资讯能力；二是公民素质、国际意识、国际交往能力；三是具有批判性和创造性的思考。其中，交流、合作与信息技能：信息开放、信息管理、负责任地使用信息以及有效地交流信息。公民素养、全球意识和跨文化交流技能：积极的社区生活参与、国际与文化认同、全球意识以及跨文化的敏感性和意识。批判和创新思维包含了逻辑推理和决策，反映思维，好奇心和创造性，并能处理复杂和模棱两可的问题。

新加坡政府期望，在这三项核心素质的基础上，实现四个理想的结果，那就是充满自信、主动学习、主动奉献以及关心自己的国家的公民。

4. 澳大利亚七项通用能力框架

在科学技术和经济飞速发展的背景下，澳大利亚开始了历史上最大的一次课程改革，试图构建一套全面、系统的课程体系。《墨尔本宣言》对澳大利亚的教育事业提出了具有战略意义的思考，并指明了其前进的道路。《墨尔本宣言》的主要目的，就是要推动平等和优秀的教育，让年轻人能够学会如何学习，如何拥有自信，如何有创意，如何做一个能干有远见的公民。在此基础上，澳大利亚教育计划评审和汇报机构发布了一份《国民教育计划》，其中包括七种基本技能。

读写能力——在各种情况下，通过听、读、看、说、写和口头的方式，来创作出各种不同的文本，以及使用和转化语言的能力，具体包括了文本知识、语法知识、文字表达和信息文本知识四个方面，它们是学生学习各个领域知识所必须具备的基础。

数学能力——了解数学的功能，有目标地应用数学知识与技能，其中包括估算和计算、认识和使用模型、使用空间推理和解释统计信息等的能力，这些都是学生为承担未来职责而做好的基本技能。

信息、通信技术能力（ICT）——在信息技术的应用中，信息技术在调查、交流、创新、管理、应用等方面的应用，是信息技术在信息技术应用中所必需的技能。

批判性和创造性思维能力——询问、识别、探索、组织信息的能力，分析、综合、评估、推理、反思过程和结果的意识等，这些都与学生的认知能力、逻辑能力、想象力、创造力、理性论证的能力以及利用信息来解决问题的能力有关，在智力活动中，批判性思维是其核心内容。

个人和社会能力——具有自我意识和自我管理的能力，对他人的同情心和理解，建立积极的人际关系，在团队中有效地工作，处理挑战性问题，以及团队领导力，这些都是为了让个体可以正确地处理与社会的关系。

伦理理解能力——了解道德概念、问题决策、行为推理、价值观、权利与责任等，帮助学生应对各种情况，解决各种冲突与不确定问题。

跨文化理解能力——学会和参与多元文化，认识文化的共性和差异，与别人建立关系，互相尊重，用批判的眼光审视自己国家的文化，这些都是为了提高文化的包容性，从而更好地与世界融合。

二、基于各类核心素养的综合比较

（一）缘育人宗旨而具相似性

适应全球一体化的趋势，应对知识经济的快速变化，经济合作与发展组织（OECD）、欧盟（EU）和联合国教科文组织（UNESCO）等国际组织，以及英国、法国、德国、美国，都先后提出了“核心素养”这一新的理念，并对其含义进行了界定。

美国、日本、澳大利亚，三个国家对“核心素养”提出了“21世纪核心技能”“21世纪型能力”和“七项通用能力”的理念，尽管它们的提法各有不同，但是都体现了当今和将来的社会发展对教育的新需求，具有明显的共同特点。

1. 背景与动机相似

（1）就21世纪的时代特征达成基本共识。

经济合作与发展组织认为：首先，21世纪的科技飞速发展，对人类的要求要使人类能够对科技有一个快速的适应和把握；其次，随着社会的多元化，我们必须学习如何与具有跨文化交际能力的人进行沟通，如何通过团体协作来解决问题；最后，全球化与现代化使人类的关系更加紧密，人类必须学习如何在不同的社会、不同的环境与不同的文化中求得生存与发展。

欧盟认为：核心素养是指个人为自身发展、参与社会、融入群体和就业所需的品质。在经济全球化的背景下，欧洲的发展也面临着新的挑战，在快速变化和紧密联系的当今社会，每个人都必须培养自己的核心素质，而教育正是其中的一个关键环节。欧洲联盟认为，为了激发他们的潜力，必须对那些由于个人、社会、文化、经济、环境等因素而导致的教育上的弱势者提供特别的帮助。

美国商界以及学者指出：在全球经济一体化进程加快的背景下，企业对于复杂思维和交际能力的要求日益提高，这使得美国政府迫切需要制订出一套关于“核心能力”的规范，并将该规范纳入学校的教学计划中来。

日本学者认为：在全球经济一体化的大潮中，日本社会正面对着资源的稀缺与合理配置、现代家庭的少子化、人口的老龄化等一系列问题，它们的相互影响，将造成整个社会的死气沉沉。他们认为，要强化基础教育，发展并应用信息技术，培养高质量的新型人才，从而打破当前的困境并在今后很久都会存在的困境。

合经济合作与发展组织、欧盟、联合国教科文组织以及美国、日本、新加坡、澳大利亚等国际组织和重要国家对核心素养的含义的分析，可以看出，他们从世界、地区、国情、现状与前景出发，对21世纪的时代特点，取得了以下几个方面的基本一致：①全球化不断深化；②科学技术不断进步；③社会越来越多元化；④国际交往不断加深。同时，他们也都提出了相应的对策，那就是要顺应大势所趋，立于不败之地。

（2）就21世纪新型人才的培养目标达成基本共识。

面对21世纪的时代特点，国际组织和世界上的主要国家都提出了对新型人才核心素养进行培养的需求，它们在制定的新型人才培养目标上存在着趋同性。

经济合作与发展组织的观点是：21世纪的大学生要跟上时代的步伐，要主动地与身边的世界进行交流，要面对多元化的社会所带来的挑战；能够在复杂的情况下，了解自己，制定自己的发展目标。此外，还着重指出，“核心素养”应当是每个人都需要的，而且在许多实践方面都有其独特的价值。应根据具体情况进行具体的素质教育，既有经济社会方面的素质教育，也有个人生活方面的素质教育，还有某些特殊方面的素质教育。

欧洲联盟主张：要提高欧洲公民的终身学习意识和能力，以保证他们在全球化和知识经济的大潮中，可以实现他们的价值。

新加坡政府的教育理念是：培养自信，不断学习，积极奉献，并与自己的国家有共同之处的公民。

澳大利亚的国家教育部门，也设定了一个总的目标，那就是把年轻人训练成一个有信心、有创意、有智慧的好学生。

由此可以看出，在国际社会与国家的发展中，都存在着共同的目的：一是自信心；二是终身学习；三是要在21世纪的新情况下，追求个人的成功与社会的进步，达到“双赢”的目的。

2. 内容与结构相似

将国际组织和各大国家的核心素养框架综合分析，不难发现：语言素养、数学素养、信息素养、创造性素养、批判性思维素养、解决问题素养、沟通与合作素养、自我管理素养八大素养是它们共同关心的素养。可以将这些素养分为以下三大类别：人与工具；人与社会；人与自我。

（二）因国情特色而具差异性

因为制订这一框架的目的和服务对象都不尽相同，再加上世界上各个国家的社会、经济发展水平以及文化特点都存在着很大的差别，所以，这些不同的素质框架就表现出了明显的国情特点。

经济合作与发展组织是一个以欧、美、日、韩、澳大利亚、新西兰等35个市场经济国家为目标，以解决经济、社会及政府管理问题为目标的国际性政府间经济组织。由于它的成员分散在三大洲，因此这个组织所制订的核心素养的框架更加的宏观和抽象，建立在个人的成功和对社会的推动之上。

欧盟将“八大素养”作为一种“顶层设计”，旨在为各成员国提供一个共同的、适应欧洲发展需要的、面向未来的、有利于各成员国发展的、适合其自身发展的、面向世界的教育。同时，也为推动各国的改革和加强各成员国间的深入合作提供了一个共同的参考。从这一点来看，欧盟核心素养的框架是微观的、具体的，它将重点放在了与学科有紧密联系的素养上，将重点放在了培养跨文化的素养，以及公民对文化多样性的尊重与包容等方面。

美国与日本的“核心素养”更注重21世纪的工作岗位需求，注重创新与企业家精神的培育。北京师范大学中国教育创新研究院联合WISE共同发布的《面向未来：21世纪核心素养教育的全球经验》中显示：高收入国家对于“全球化”与“知识时代”所可能产生的冲击有较强的敏感度，在信息素养、创造性与解决问题、跨文化与国际认知、自知与自律能力、人生规划能力、幸福生活与领导能力等方面表现出了较强的敏感性。

新加坡深受中国儒学文化的熏陶，因此在其教育体系中，以“核心价值”为中心，强调培养有责任感、心系国家的合格公民。

总之，在构建21世纪的核心素养的框架的时候，国际组织和全世界的国家不仅对全球性社会、经济和科技发展中所出现的新问题和新挑战给予了重视，而且还以区情、国情和社情为基础，按照人的身体和心理的发展和成长的规律，将其深深地扎根于与国家的教育目标相一致的DNA之中。

第三节　结合教育实践，推进素养落实

一、我国核心素养研制的纵向视角

（一）明确教育目标与核心素养的关系

进入21世纪，人类社会正处在一个大变革的时代，随着竞争的加剧，个体在生命的每个时期都将面对越来越多的挑战。“教育”这一最终的问题，也就是新时期的教育应该以何种形式来培育人，这一问题再次引起人们的高度重视。

从20世纪90年代开始，国家提出了“素质教育”，旨在促进德智体美劳五育并举，实现人的全面发展。“素质教育”在近几年的教学改革中已初见端倪。但是，在“应试”的束缚下，我们的教学仍然是以考试作为“纲”，教学内容、教学方法与“考试”密切相关，没有从根本上扭转“题海”的局面，“素质教育”有一种“戴着枷锁飞舞”的疲劳。这主要是因为，素质教育的观念还没有被提炼成具体的教育教学目标，还没有被提炼成一个科学的、有效的、切实可行的评价体系。

那么，怎样才能使教育摆脱困境呢？怎样才能跟上中国、国际社会的潮流和要求？我们怎样才能面对发展与变革所造成的各种挑战？这就要求我们以高屋建瓴、指向明确、兼顾现实与前瞻性的观念来重新规划教育的目标。“立德树人”目标的实现要求学生具有多方面的素质，而“核心素养”是最为关键的素质。它是学生教育的重要组成部分。

核心素养不是一个虚无缥缈的概念，它是一个经过系统规划设计的、完善的、全面的教育目的体系。核心素养由“人”而出发，再回归到“人”，这反映了一代代教育家不懈追求的教育目的，即培育能够健康发展、快乐生活、成功应对未来的人。在中国的发展背景下，“核心素养”是对如何进行人才培养这一问题的基本解答。

教育的最终目的是培养学生，而教学则是培养学生的方法和手段。而核心素养包括“必备品格和关键能力”，其中“品格又具有引领能力发展方向的意义”，这与“育人”这一教育的终极目标相得益彰。对人的核心素养的重视，是对人的教育价值观念的一种回归。核心素养与教育的总目标是一致的，它不仅可以促进学生的全面发展，还可以培养学生丰富的情感、积极的态度和正确的价值观，还可以推进教育的高水平发展。因而，在培养学生的过程中，培养学生的核心素养，对提高学生的素质具有重要意义。

（二）研制中国学生发展的核心素养

对中国学生的核心素养进行研究，既是落实国家教育方针、落实“立德树人”的重大举措，又是顺应国际教育改革潮流，提高我国教育竞争能力的当务之急。北京师范大学应国家基础教育局的要求，联合100多名国内知名大学、国外知名大学、科研院所的专家，共同组建了《大学生核心素质培养》研究组。带着“为中国教育谋发展”的使命感，他们开展了广泛的访谈和问卷调查，并召开了多次的专家研讨会，与各省、部级的教育部门进行了积极的联系和交流，深入地了解了社会各阶层人士对于“核心素养”的看法和想法，最终总结出了351万字的采访笔记和海量的调研资料。经过三年的时间，团队经过了集思广益、征询调研、反复推敲、实践论证，经过了一个谨慎的、漫长的、艰难的历程，终于建立起了一个中国学生的核心素养培养体系。

《中国学生发展核心素养》把“学生发展的核心素养”定义为“学生应该具备的基本人格特征和基本能力”，并把它定义为能够适应人类的终身发展和社会的需求。核心素养以培养“全面发展的人”为核心，从文化基础、自主发展和社会参与三个方面进行了研究。文化基础包括了人文底蕴和科学精神，自主发展包括了学会学习和健康生活，社会参与包括了责任担当和实践创新，这六大要素分别被细化为十八个要点。由文化基础、自主发展、社会参与三个维度组成的核心素养总框架，将个人、社会和国家三个方面对学生发展的要求进行了有效整合，将马克思主义有关人的社会属性的观点充分地反映了出来，也与我国治学、修身、济世的文化传统相互呼应。可以说，“核心素质”的确立，是中国教育向“为每个人的终身发展”这一最终目标迈进的一大步。

二、我国核心素养研制的横向思考

（一）核心素养与学科核心素养的关系

为学生的核心素养发展提供了总方针、总纲领，是对学科核心素养抽象的结果。在课程构建的宏观背景下，如何将学生的核心素养与学科教学相结合，并在具体的学科教学中实现“育人”，是实现“以人为本”的核心素养落地生根的重要途径。因此，项目标准修订小组还开发了各专业所特有的专业核心素质。在此基础上，提出了一种新的具有普遍性和具象性的两个概念。从专业特性、层次结构和学科群三个方面来看，两者之间存在着交叉。在以“核心素养”为基础构建的“课程架构”下，软化学科边界，将成为未来教育发展的必然趋势。例如，在历史学科的教学中，将会有自然科学史的内容，而不是要将其展现出来，而是要将其放在人文的大环境下，在人文的框架底纹的色彩中，去畅谈自然科学。即，要把两种能力有机地结合起来，跨领域的专题学习是一种必然的方式。这是由于通过跨学科主题学习，可以将各个学科的核心素养相互间的壁垒打通，从而将各个学科的核心素养统一到核心素养的总方针、总纲领之下。与此同时，在将来的社会中，学生所面对的问题也不再是孤立的、简单的，而是具有关联性和复杂性的，因此，通过交叉学科的专题学习，可以提高学生在实际情况下，运用交叉学科的方法，来解决这些实际情况下的问题。

培养学生的核心素养，是培养学生的基本要求。要将学科核心素养落实到实践中，必须指导学生掌握扎实的学科基本功——知识、方法、价值观，并理解学科的本质和重要概念。只有真正掌握了基础知识，学生才能在分析、理解、整合、转化的基础上，将课程内容内化为自己的素养。当然，在这个问题上，也有一些学者提出了这样一个观点，那就是“学科核心素养”的提法中存在着这样一个问题：“学科本身并不具备核心素养，核心素养的主体是人，而不是学科。”因此，不能用学科来修饰核心素养，而应该更准确地将其称为“学科群素养”。如果只让各个学科独立存在，不从整体的角度来审视“学科群”中的共性，那么，就会出现“多核心”现象。“多核心”在本质上就是“无核心”，而不是“多中心”。这种分歧给我们提出了两个方面的问题：第一，关于培养学生核心素养的理论框架尚待完善；第二，需要澄清学生的核心素质和学科核心素质之间的内在联系。以实证支持学生发展核心素养与学科核心素养的科学性和合理性将成为今后课程改革的重点。

（二）核心素养与三维目标的关系

三维目标与核心素养并非相互独立的，而是互为关联、互相作用的。必备品格和关键能力，是核心素养的重要组成部分，它是对三维目标的深入提炼和整合，将知识与技能、过程与方法、情感、态度与价值观等都提炼为能力，并将情感、态度与价值观提炼为品格，这些都是经过系统的学科学习而达到的。三维目标是培养学生核心素养的重要因素，也是培养学生综合素质的重要途径。所以，在培养学生的过程中，不能把三维目标简单地替换掉，也不能把它完全否定，它应该是一种在继承中发展、在继承中创新、在融合中突破的精神。从理念内涵上讲，核心素养趋向于“内在”，指的是人所具有的精神境界和素质；三维目标的教学目标具有教学内容的内化性。所以，要培养学生的核心素养，离不开三维目标。

在“核心素养”的指导下，三维目标具有多个维度的侧重，这将会改变过去“学科本位”“知识本位”的现状。以往“应试”式的教育，在三维目标上比较强调的是知识和能力，而在“核心素养”的引入下，则会相对削弱“知识和能力”，加强“过程和方法”，强调“情感、态度和价值观”，这种变化是为了更好地发挥学科的教育作用，让“核心素养”既可以培养，也可以评价。

（三）核心素养在不同学段的发展和彼此关系

核心素养指的是学生在接受相应学段的教育过程中，逐渐形成的与个人终身发展和社会发展需要相适应的必备品格和关键能力。加强学科间的整合，加强各学段、各学科间的有效连接，加强各学科间的横向协同，是进一步深化新一轮的课程改革的关键。只有这样，在学生不同的发展阶段，才能逐步地、有序地达到核心素养。以“核心素质”为基础的“学业质量”指标，实质上就是对中国基础教育阶段各个阶段的学生进行的一种评估。各个年级的课程，都将基于核心素养进行整合与衔接，每个年级的毕业评估，都将按照核心素养进行。

与此同时，新教科书的编写工作也在如火如荼地进行着。课题立足中国“核心素养”的总体要求，从不同年龄阶段、不同认知阶段、不同发展阶段的需求出发，针对不同的需求，对其进行了理论与实践的深入探索，提炼出不同阶段的六大核心素养指标，并对其进行了深入的分析，以期达到垂直贯通的目的，为更好地将其与不同学段的特定学科相融合，搭建起一个“跨专业”的桥梁。在此基础上，如何在新一轮的课程改革中，缩短不同学科间的鸿沟与差距，是新一轮课程改革的主要方向。

第四节　明确素养内涵，发挥育人功能

一、什么是历史学科核心素养

（一）历史学科核心素养的概念说明

在新一轮基础教育的背景下，教育部开始着手普通高中新课程标准的修订。此次修订的指导思想是："深入贯彻党的十八大、十九大、二十大精神，全面贯彻党的教育方针，落实立德树人根本任务，发展素质教育，推进教育公平，用社会主义核心价值观来引领课程改革，提高课程的思想性、科学性、时代性、系统性、指导性，促进人才培养模式的改革创新，培养出德智体美全面发展的社会主义建设者和接班人。"而修订的一项基本原则是："反映先进的教育思想和理念，关注信息化环境下的教学改革，关注学生个性化、多样化的学习和发展要求，推动人才培养模式的转变，着力发展学生的核心素养。"课程方案中指出："普通高中的培养目标是：进一步提升学生综合素质，着力发展核心素养，使学生具有理想信念和社会责任感，具有科学文化素养和终身学习能力，具有自主发展能力和沟通合作能力。"由此可以看出，在这一次的课标修改中，培养学生的核心素养是一个重要的着力点。这就要求教师们对教育的本质有更深的理解，提高他们的教育意识，对教育的方式进行创新，将对学科的关注转移到对人的发展的关注上，将促进学生的全面、有个性的发展作为他们的出发点和落脚点。但是，另一方面，我们也必须明确地看到，在这一过程中，我们必须在每一门学科中，不断地学习，不断地提高学生的核心素养。因此，要建立核心素养与学科课程教学的内在联系，充分挖掘学科独特的教育价值，以学科的实质为基础，对学科的核心素养进行提炼，学生在经过一段时间的学习之后，对应该达到的正确价值观念、必备品格和关键能力进行明确，将知识与技能、过程与方法、情感态度与价值观的三维目标进行整合，将核心素养渗透贯彻到对学科核心素养的培养之中。

作为文化的一部分，历史知识对于继承和提高人们的文化素养具有无可取代的意义。中学历史课具有历史教学的职能，中国人的核心素质培养的六大要素、十八个基本要点，差不多都涉及了历史课的教学内容。以这一点为出发点，对历史学科核心素养的定义，是建立在对21世纪以来历史课程改革宝贵经验的基础上，不断征求各方意见、不断慎重调试，尊重学科本质、遵循教育规律。对于“历史学科核心素养”这一概念，现在已经有了一个大致的共识，那就是，历史学科核心素养是对历史学科育人价值的概括性、专业化的表述和概括，它是对知识、能力、方法、情感、态度和价值观的一种综合和提炼，它是学生在历史的学习中逐渐发展起来的，在解决现实环境中的问题时，所展现出的具有历史学科特点的正确的价值观念、必备品格和关键能力，它是在历史学科的学习中，可以保留下来的最有效的一种东西。可见，“历史学科核心素养”的界定，应以历史学学理和历史教育的实质为基础。

（二）历史学科核心素养的提炼依据

1. 学理依据

从历史学学理的视角提炼历史学科核心素养，我们必须对“历史是什么”这一历史哲学问题进行解答。从广义上讲，“历史”是指已有的事件，“历史哲学”所说的“历史”则是关于人的社会关系和发展的。因此，它是一种对人的生存状态进行反思和对人的历史命运的关怀。梁启超是中国现代思想家和历史学家，他的观点是：“史者何？记述人类社会赓续活动之体相，校其总成绩，求得其因果关系，以为现代一般人活动之资鉴者也。”英国一位杰出的历史学家爱德华·卡尔说：“历史是一种持续的进程，是一种对历史和现实的相互影响，是一种对现实和过去的不断提问和回答。”“历史”一词具有两面性，它不仅是“对人类社会的认识”，同时也是“对人类社会发展历史的叙述”，它是人们对于客观过程的一种主观性观点，因而“历史”也可以被称作“史学”或者“历史学”。

因为历史是一种无法还原的东西，所以过去的事件，主要是在当时的人们的报道或记录，还有后来的史学家的整理、编撰、解读和陈述之中，有时候，人们很难将客观真实的历史与史学家所记载的历史进行严格的区别。因此，历史是一种不以人的主观意识为转移的、自然的历史，它是史学家进行史学研究与写作的依据与认识的源泉；人们对客观存在的历史以及由前人撰写的历史进行研究，并想要尽可能接近历史的真相，这是史学家在研究、撰写历史时的基本要求，也是他们的最高追求。不管是谁，以哪一种形式来撰写客观存在的历史，都无法避免地渗透着记录者、描述者和研究者的主观意识。如何获得和利用史料，如何理解和解释历史，在不同的时代、不同的社会、不同的身份，人们所秉持的立场、观点、方法和视角，都会对他们对同一历史事件、历史人物和历史现象的记录、描述、判断、推理和研究产生影响。因此，他们最后呈现的方式、得出的结论和传达的思想都存在差异，甚至是相互矛盾的。所以，对“是什么”“为什么”“怎么样”的历史问题的回答，就不可避免地牵扯到历史学的理论与方法的问题。

关于史学方法论，以司马迁为例，他提出了最基本的史料处理的原则，运用原始资料研究“当代史（汉代）”“细史记石室金贵之书”，充分利用汉代国家档案文库所藏的原始资料；关于先秦历史的资料运用，司马迁提出了“夫者载籍极博，犹考信于六艺”。同时，为了验证儒家“经”“传”的可信度，司马迁不辞辛劳地探访、调查相关遗址，了解当地风土人情，并和儒家典籍相比照，考辨真伪，以达到“所有表见者皆不为虚妄也”，力求接近历史的真实。由此可知，历史学习者、研究者掌握和运用的史学方法反映其研究、解决历史问题的关键能力。

通过对“历史”“历史学”“历史哲学”的基本含义进行简单的剖析，得出了这样一个结论：“历史学是对从古代到现在，在一系列的历史过程中所发生的历史事件、历史人物和历史现象进行记载和说明的学科，它是人类精神文化的一个主要结果，是所有的人文科学的基石。它所要解决的问题，就是利用对史料的考证、叙述和分析，不断发现、理解、解释、评判真实的历史，并探索发展规律，为现在和将来提供参考。”学习历史是一个累积知识、习得方法、提高解决问题的能力，并培养情感、态度和价值观的过程，是历史学科核心素养的理论基础。

2. 教育本质

从历史教育的本质提炼历史学科核心素养，要回答“历史，要学什么”“历史，要怎么学”的两个本源问题。

首先，应根据我们的历史教学目标，来解答“学习历史，我们应该学习些什么？”中学历史是一门“立德树人”的课程，它的目的是让学生们在追寻文明的脚印，体味历史的发展，了解前人的得失，感受历史的发展，学会理解和评价历史，学会吸取历史的教训，领悟历史的规则，拓宽历史的眼界，培养自己的品德，培养自己的处世能力，培养自己的发展意识，肩负起自己的责任。从而使同学们从历史发展的角度，对社会主义核心价值和中华优秀传统文化、对爱国主义、对新旧思想的深刻理解，对世界的认知，对不同文化的交流和对不同国家的了解、不同国家之间的交流相互促进、相互影响的综合素质得到提高。总而言之，就是要建立一个正确的世界观、人生观、价值观、历史观。可以看出，在学习历史的过程中，我们不仅要学会历史的知识，还要学会史学的方法，在学习过程中，我们可以培养出正确的情感、态度和价值观，这样才能使我们的人格得到持续的发展，从而实现我们的全面发展；为促进社会、民族、国家和世界的发展做出自己的努力，实现自己的理想和目标。只有认清了“学什么”，才能认清并认识到这门课程的教育价值。在历史学科核心素养中，所提到的“学生通过历史课程的学习，逐步形成具有历史学科特点的正确价值观念、必备品格和关键能力”，就是对历史学科育人价值的概括性、专业化表述。

其次，在“如何学习历史”这一问题上，必须遵循历史教育的基本原则。在“教”的层面上，历史指的是过去发生的事实、过程与规律，以及人们如何认识与阐释过去的过程与规律。不管是古代的还是近代的，不管是光辉的还是黯然失色的，只要对它进行分析与认识，它就会显示出它的参考与启蒙作用。在“学”上，学生以聆听、阅读、观察、理解和思考，收集并解读典型史料，探索历史与相关问题为主要的教学方法。这说明，在中学历史教学中，“教”不限于课本，在“学”上也不能机械地背诵课本。

从历史教育培养学生的最终目的出发，对历史的认知要大于对历史的记忆；多读史书，多找出问题，多想办法；认识到同样事物有不同的史实，同样的史实有不同的诠释，这远胜于背诵最后的史实；对历史认知的时代与发展特征的把握，远胜于对一些观念与世俗观念的把握。这就要求我们在历史教学中，要注重“史由证来、证史一致、史论结合、论从史出”的史学思维方式的培养；要注意历史进程中的生动、形象、典型，具有启发性和感召性；从“怎样认识过去”“怎样认识历史”这一角度出发，应该重视对历史的理解方式；注重在知识与能力、过程与方法、情感、态度与价值观等方面，为学生的终身学习与发展打下坚实的基础。即“怎么学”，关系到如何培养学生正确的价值观念、培养学生必备的人格品质和培养学生重要的能力，而这正是历史课程核心素养的教育实质。

二、历史学科核心素养的逻辑关系

历史学科五项核心素养之间具有引领、递进、渗透、支撑等密切联系，五项核心素养是一个相辅相成的、互为关联的整体。

（一）唯物史观是灵魂

唯物史观是一种世界观，也是一种研究历史的方法。人们对于历史的理解是从表到里，从感性到理性，要想通过千变万化的历史现象来理解历史的实质，就必须有一种科学的历史观和方法。历史唯物主义是一种对人类历史发展过程的科学探索，它为我们理解历史提供了理论依据。用历史唯物主义的基本立场、观点、方法去学习和研究，有利于对历史有全面、辩证、客观、公允的认识。在这一意义上，唯物史观成为我国历史学科的核心素养系统的灵魂。

（二）时空观念是基础

把时空观念放在史料实证、历史解释和家国情怀的前面，这是因为在所有的素养中，时空观念是学科本质的一种表现，也是历史学科区别于其他学科的一个重要特点。把历史事件、人物和现象置于具体的时空范围内，是认识历史、阐释历史的根本思路。与此同时，时空意识不仅可以作为领悟唯物史观基本原理的基础坐标，还可以帮助我们对史料的实证和历史的解释，而且，它还可以帮助我们对家庭情感的积累和内涵，也携带着时空的烙印。因此，时空观念是历史学科核心素养体系之基础。

（三）史料实证是载体和方法

史料实证是实现史学各项成就的重要手段，也是实现史学各项成就的基础。史料实证是通过历史表象来认可唯物史观、把握历史规律的基本方法，它可以为以时空观念为基础来总结历史发展的阶段特征和区域性特征，提供史实支撑，也可以为历史解释提供可靠的证据，还可以为培养具有家国情怀的社会责任感和人文追求提供丰富的经验。在此基础上，史料实证是培养历史学科核心素养之有效载体和基本方法。

（四）历史解释是关键能力

在历史学科的诸多素养中，历史解释是对历史思维能力与表达能力的一项要求，它是学生能够形成正确的历史眼光的基本能力要求，也是最重要的指标。运用时间观念，对历史事件的时间和空间进行了界定：通过历史事实的检验，得到了真实可信的历史事实；厘清史实之间的前因后果，从而形成自己的史观。因此，历史解释是唯物史观、时空意识和史料实证的外在表现，它是培养家国情怀、滋润学生心灵的一种价值。通过对历史的解读，可以使学生再现自己的精神世界、解答自己的问题、了解自己的历史与现实的联系、探究自己的历史意义。可见，在中学历史教学中，历史解释是其核心素养的重要环节。

（五）家国情怀是归宿

家国情怀是历史学科诸多素养中的基本价值观，它是指在学习和研究历史过程中，应该培养出来的思维品质以及情感、态度与价值观，同时也是历史学科的育人目的。家国情怀是我国历史学科的一个重要组成部分，在学科核心素养体系中居于历史课程根本归宿的地位。

总而言之，历史课程旨在通过这些素养的培育，达到“立德树人”的目标。

三、历史学科核心素养的基本特征

在对历史学科核心素养的概念和内涵进行解释的基础上，对其学理和教育理论基础进行分析，我们可以看到，历史学科核心素养具有以下基本特点：

（一）求真

求真是历史学习的第一要义。历史为何要求真？原因有二：

首先，历史是指曾经发生过的事物，历史是以事实为依据、以观察为依据的阐释。无论何时何地，无论从何种角度，都能给出与过去完全不同的解读。所以，我们可以说，历史研究的核心不在于“真实”，而在于“求”真，也就是通过对真理的探索，达到对历史真理的最大限度的追求。换言之，由于时间的单一性，历史只能在当时被认为是真实的，而在后来被追忆、解读、叙述、引证、反思等过程中，必然会被加入一些主观因素，甚至连年代纪和编年史等较少反映出作家主观意识的史书，都会因为追忆而丧失其绝对的真实性。因此，历史研究的使命就是发掘被掩埋在历史中的真相，历史研究最宝贵的特质就是提出问题。就像英国哲学家和历史学家罗素曾经说过的那样："历史让人们认识到：人间事物没有绝对的东西，没有绝对的完美，也没有绝对的至高无上的智慧。"由于历史知识是通过探索而得到的，所以它不是一成不变的、毋庸置疑的真理，它是一个开放的、可供讨论的、可以不断更新和扩展的领域。所以，"求真"是一个永不落幕的历史命题。

其次，历史研究中的"求真"又与自然科学、哲学、文学等其他人文学科中的"求真"不同。自然科学中的"真"是可以存在的，是可以表现的，是可以复制的，但是历史中的"真"却是可以寻找的，是无法获得的。虽然哲学的实质是一个"求"字，也就是寻找自然界与人的发展的一般规律，并做出值得检验的假说，但是历史学的实质却是以历史为依据，追寻历史真相。所以，在哲学看来，将来就像在过去那样是无法捉摸的，在历史著作看来，过去也是无法捉摸的；文学能够创造出一个故事，而历史学者则能够找到一个故事。从主题对比中，我们可以了解到历史研究的追求真理的特性，从而了解到"历史研究是因为有了追求真理的意识，历史研究才会产生，历史研究也是因为有追求真理的感觉，历史研究的发展才会有意义"。

如何"求真"？可从以下三个维度来探索。

其一，基于唯物史观的求真。唯物史观是一种科学的历史观，它反映了历史的客观根据和发展规律，是历史学"求真"的一种基本原理。恩格斯曾说："因果二字，只在特殊情况下使用，然而，当我们将这个特殊情况与整个世界的一般关系加以研究时，它们就会结合在一起，并在因果二字之间消逝，因为因果二字在其中常常互换地位；在这里的后果，就会变成在那里的理由。"恩格斯的这番话，从某种意义上来说，说明了他关于历史唯物主义在历史研究中所起到的方法论的意义，也就是历史唯物主义不是就某一件事情来探究一件事情的前因后果，而是要把这种前因后果放到“与整个世界的总的联系中去审视”。这种空间是一种相对而言的，它可能是一个具体的社会、政治或经济制度，也可能是一个较长的“社会经济形态”，或者是一个宏观的历史背景。马克思自己也指出，“经济规律”中的“必然性”并不是绝对的，在没有特定历史环境的情况下，它的解释顶多是西欧模式下的“历史概述”。马克思坚决反对不顾具体的历史条件，就提出一种“超历史的”、具有普遍适用性的历史哲学。我们可以看到，在历史学中，只有在历史学中，才能准确地把握历史学中存在的问题，才能真正地反映出历史学中的真理。

其二，基于时空观念的求真。在一定的时间和空间框架下，对历史学的研究，或者是对历史进行研究和分析，或者是在对历史进行解读的过程中，要注意两个方面的问题：第一，要防止“概念先行”，例如，用历史的方法认识历史，不应只看结果，而应综合运用分析、比较、综合、归纳等方法认识历史的特征，认识历史的发展和变化；第二，在认识“家国”的人文意蕴时，我们应该把“家国”放到中华传统文化这个特定的语境中，去体味它的历史渊源与演进，并认识到它的丰富性与多变性，去把握“家国”与世界多元发展的相互交融的内在联系。

其三，基于史料实证和历史解释的求真。以史料实证为基础的求真，着重的是对考证的方法，即利用史学在其发展中所形成的研究方法，利用考古学、人类学等学科的成果和方法，对文字史料、实物史料、口碑史料等各种史料进行考证和推测，力求找到真实的历史。相对于此，历史阐释层面的真相探求则更为困难。因为历史是发生在历史上的事件，所以，如果当代的人们要对历史有一个准确的理解，就应该从历史的多维的角度出发，尽量做到客观、全面、辩证地理解历史事实，对过程进行描述，并做出理性的判断，只有如此，人们才能够更好地了解历史的真实。这种对史学的解释，具有与科学领域中的学科探讨与证明相似的严谨性。

总之，“求真”是一种来自本体论的认知，是一种以历史为起点的认知，也是一种对学生进行历史教育的基本要求。而“求真”又是历史学教育价值得以体现的基础。

（二）求实

求实是研究历史的根本。为什么要追求真实？求实是追求真理的基础。

在历史认识的思维过程中，史事、史实、史是是三个互相联系、互相交错的概念。史事是历史研究的第一要务。史事是以具体的、特殊的、纷杂的和偶然的形式出现的某种客观事物的反映。史学家们在研究历史的时候，大多数都是通过文字、实物和口口相传来进行记载和保存的，这就不可避免地会夹杂着作者的主观情绪，甚至会出现夸大、缩小、隐藏和扭曲历史事实的情况。因此，历史学的学者必须从整体、联系、逻辑三个方面来看待历史。

从澄清历史事实的观点来看，“求实”是必要的。“史事”是指在历史发展进程中，诸要素相互影响的一种表现形式。“史实”来自史事，运用辨伪、考证、诠释等思维方式和理论技能，剥离或纠正人们的主观意识，力求勾勒出历史的客观发展轨道，最后获得一个概念。在这个过程中，必然会涉及新的主体意识。从辩证历史事实的观点来看，我们必须“求实”。“史是”指的是历史发展的客观规律，是人类社会的历史发展的趋势和规律，呈现出多样化与综合性的统一，普遍性与特殊性的统一，必然与偶然的统一。史事、史实、史是三者之间虽然存在着一种分层的关系，并不是完全分离的，而是相互交错的。对史是的认知，要从分析史事、确定史实中获得，要用科学的理性的思辨来获得，这就是一个实事求是地认知历史的过程。

如何“求实”？可从以下五个角度来实践：

其一，从唯物史观的观点出发。历史唯物主义既是一种世界观，也是一种方法。其根本原因在于历史唯物主义提倡立足于实际，注重实事求是，不脱离具体情境而理解历史，注重主观认知和客观历史的统一。马克思曾说过：“对于这一点，历史，如同知识，决不会以人的完美的理性主义为终点；完美的社会，完美的国家，都只能是一种幻觉，而辩证的哲学，则否定了终极的绝对的真理，否定了与其相反的，绝对的人性的所有概念。”在此意义上，历史唯物主义的“本真”，就是以一种基于“联系”与“发展”的辩证法去认识历史。

其二，从树立历史时空观念的角度来实践。没有了时间和空间的概念，在如此庞大的史书中，我们不可能对史实进行精确的把握，对史实进行考辨，对史实进行提炼，更不可能根据史书的时空观念去认识“实”。因此，要按照历史发展（纵向发展与横向发展）的逻辑，认识历史事件、历史人物和历史现象发生和存在的时间和空间，探究历史事件、历史人物与历史现象之间的联系、发展和变化。历史的“求实”建构和历史情境的营造，都离不开历史的“时空”。

其三，从育成史料实证精神的角度来实践。实证的“实”，有四种方法可以运用：第一，历史资料的选取。要认识历史资料的种类，把握历史资料的收集方式，要重视基础资料书（正史）的价值。第二，对历史证据的挖掘。要从辨别历史资料、认识历史资料写作的目的等角度对历史资料进行评判；要从史料中提炼出有用的资讯，以其为依据来建构史学，从而获得经验教训；要正确把握“概括性”和“例证型”的高价值和低价值的“事例”两个方面的关系，一是要区分历史文献中“物证”在时间和空间上的区别和变化，二是要区别史料反映的普遍现象与特殊现象，“不能只留意有利于自己意见的史料，更须注意与自己意见相反的证据”。第三，以历史资料为基础做出判断。“过去的事情，记载得很少。有记载的，却不一定流传到了世界上，甚至，都没有见过的记载，也不一定有人见过。”第四，在对待历史和现实问题上，要有一种辩证的态度，尽可能地减少负面的历史结论，防止断章取义，防止为了一己私利而曲解历史事实。这种可供参考的方式，正是历史经验的“实”在其中的具体表现。

其四，从运用历史解释的角度来实践。无论是对史料的解释，还是对史实的解释，都属于历史认识论的一种体现，其认识方法和内涵也是多种多样的，具体有：区分了事实表述和主观认知，阐释了相异认知的理由，说明了评价，表达了观点，说明了历史，说明了逻辑，构建了历史和真实的关系。而对历史阐释的认识，不仅体现了历史学家的研究方法与水平，而且还体现了他们的情感态度与价值观。只有这样，才能使历史的解释归于“实”，才能达到“实”的目的。反之，则有误读、偏离历史事实，乃至附会某种言说的现象。

其五，从建设课程体系的角度来实践。把学科核心素养与课程建构有机地结合起来，在教育实践中进行引领，是对历史学科核心素养的追求。历史课程的目标是要对学生的学科核心素养进行培育和提高，在历史的教学过程中，让学生逐步地养成一种具有历史学科特色的正确价值观、必备品格和重要的能力。中学历史课程的结构设计、课程内容的选择、课程的实施以及课程的评价准则等方面，都应该以培养学生的学科核心素养为中心，从创设课程的话题、开发教学资源、组织学习活动、优化教学方法、改进评价方式等方面入手，增强教学的针对性和有效性。这种“求实”的过程，自然就是一种不断的探索和创新。

（三）求思

在历史教学中，思维是一项重要的技能。为什么要思考历史？从历史研究的目的来看，历史研究主要是为了认识历史发展中的一种现象和一种性质，并对历史研究中存在的“什么”和“为什么”进行反思。从史学的客体上看，史学的主体是人，即人的史学活动是人的认知活动。从方法上看，史学以史料为基础，通过史料来理解历史。在历史研究的特点上，它是一种综合与辩证、发展与联系、具体与抽象相结合的历史研究。在应用方面，它不仅需要我们了解过去的历史，而且需要我们对现在的社会进行实践。而这一切，都与历史学的思想活动密不可分。

如何求思？可以从以下四个方面有所作为：

其一，关于思维的原理。历史思维要以历史事实为依据，遵循具体问题具体分析的唯物辩证法，运用科学的世界观和方法来分析、解释历史，从中发现规律，并做出价值判断。历史是人类进行历史思考的基础。

其二，从思维的时空上。对时空的思维，是开展史学研究、进行史学论证的基础。唯有清楚地了解了过去、现在和将来的各个时期，我们才能够对这些时期的历史现象进行系统性的理解，从而对这些时期的问题进行解答。只有从地理角度来看，才能理解人类社会从零散到整体的发展过程。没有对时机的敏感，没有对时空的格局，就没有了对历史的认知与思考的出发点，也就没有了对历史事实的考据与诠释。可以说，时空的思维能力为其他的发展奠定了基本的构架。

其三，从思维的发展上。史学研究能力是建立在史料经验基础上的，对史学思想的发展具有直接的推动作用。唯有在广泛的历史资料中，在多元的资讯与观点下，我们才能真正地做一项具有现实意义的研究。同时，根据研究史料，运用反思的方法，查证史料的真实性、可靠性，检验思维逻辑的合理性，鉴别结论的正确性，对存在明显缺陷、问题的历史叙述、解释、评价提出质疑或反驳，建立史料与证据、史料与史实、史料与史论的内在联系，从而建立“史由证来，证史一致，史论结合，论从史出”的历史思维意识。

其四，从思维的品质上。历史解释是提高人类历史思维质量的一种有效方法。从政治、经济、文化、社会地位、思想认识等角度解读与评估历史人物的角色与影响；从自然环境、经济状况、政治形态、文化传统、社会生活、时代特征等方面来看，对历史事件的联系、特点、作用和影响进行有重点的解释和评估；从其基本特征、主要贡献和创新意义的角度出发，从表象到内里，由浅入深，对其作用和影响进行阐释和评估；使用时间与空间、相同与不同、联系与区别、量变与质变、背景与条件、原因与结果、动机与效果的概念和类别，对基本史实和有关的问题进行分析、综合、比较和归纳，培养思维的能力和智慧的独立，学会怎样创建一个历史情境，并在情境中开辟新的维度，表达新的见解，成为一个具有批判意识，善于分析的思想家。

思考是开启智力之门的钥匙。它的基本目标是提高学生思维品质和问题解决能力。历史思维是搭建在历史基础知识与历史教育终极目标之间的一座桥梁，要想培养一个合格的公民所必需的健全人格、责任担当、世界意识、国际视野和家国情怀等，就应注重对言必有据、理性思辨、多元视角和宽广包容的思维活动的培养。

（四）求本

求本，即中学历史教育要以学生为本。历史教育为何要求本？

首先，“史学”的本质观念对此做出了明确的规定。“学科本质论”是对一个学科的根本属性和内核属性的一种哲学认识。从根本上说，历史科学就是在某种历史观念的指引下来构建和解释人类的历史。作为人文科学的基础性学科，它与人文科学和自然科学的发展息息相关。作为人类文明的一部分，历史研究对于人类文明的继承和公民素质的提高具有不可替代的意义。在历史的中间，吸取历史的经验与教训，检讨过去、认识未来、适应历史发展的潮流，这正是历史的社会性功用。

其次，这与我国学校的历史学教育理念有关。以“以人为本”为基本原则的专业教学理念，立足于学科的实质，承认某一科目的普遍性和特殊性对其教学的意义。中学历史课程通过展现重大历史事件、历史人物和历史现象，展现了人类历史演变的基本过程和丰富的历史文化遗产，反映了人类社会的发展趋势。这样，在学习历史的过程中，学生可以扩大自己的历史视野，培养自己的历史意识，发展自己的历史思维，提升自己的历史素质；加强对伟大祖国、中华民族和中华文明的认识，加强对有中国特色的社会主义的认识；提高全球观念，扩大全球视野。从而促使学生形成正确的世界观、人生观、价值观、历史观等。这就是“立德树人”的根本目的下，中国政治、经济、社会形势及其发展趋势所决定的“怎么育人”的实际问题，即“育人”的问题。所以，在我们国家，“求本”是我们历史教育所追求的终极目标。

如何“求本”？可以从以下四个环节着力：

其一，融学科核心素养于课程目标中。基于中国学生的核心素养，我们对历史学科的核心素养进行了界定，并据此构建了一种符合基础教育阶段的，符合学生身心发展的，以“核心素养”为主线的，以学生身心发展为导向的，旨在逐步消除应试教育和学科教学的负面效应，以学生的人格发展为导向，最大限度地发挥历史学科“育人为本，素养为纲”的功能。

其二，改变学生的学习方法与教育方式。在我们国家，历史教学在很长一段时间内都存在着“注重知识、忽略能力”的问题。强调教师的“灌输”，忽视学生的“参与”，造成“三维目标”在实践中仅剩下知识和技巧、过程和方法、情感、态度和价值等方面的缺失，造成了“两张皮”的教育困境。要改变这样的局面，教师就要从学科核心素养出发，抓住唯物史观、时空观念、史料实证、历史解释和家国情怀的育人特征，利用自己的教学智慧，通过创建学习情境，改变学生的学习行为，让他们在自己的亲身参与中进行移情体验、推理想象、独立思考或交流合作。运用多个视角的问题，引导学生在多条途径中分析和解决问题，逐渐形成一种主动探究的学习态度，进而提升其历史思维品质，并对其学科核心素养进行培育。

其三，建立一套全新的学术评价体系。新的学习质量标准，是指对基础教育阶段的学生，在完成了各学段的课程后，所应该具备的各种核心素养，并明确地界定和阐述了这种素养所要达到的具体水平。通过建立一种新的学习质量标准，能够清楚地认识到不同级别的学生在学习过程中所取得的成就，从而能够对教学方案进行设计，对教学策略进行调整，对课程资源进行选择，同时也为学科教学方法的实施和改革提供了一定的理论基础。在此基础上，提出了一种基于新型的学业质量标准的学习能力评估方法。

其四，完善学业评价体系。学科核心素养对学科教学应该遵从的价值导向进行了界定，但是，以纸笔考试为主的评估方式对素养达到程度的评估造成了很大的阻碍，因此，需要对以核心素养为基础的评估系统进行改进：一是将学科核心素质测验与学习能力测验的命题相融合，以此指导考核目的的表达和评价标准的制订；二是把学生的思想过程和学习成绩测验中的问题结合起来，通过考察他们对历史知识的了解和解读，来检测他们对知识的掌握程度；三是要把学生的专业核心素质和评价指标有机地融合在一起，使之与课程目标有机地融合在一起。

第二章

核心素养下高中历史教学的内容

第一节 丰富基于核心素养的课程内容

高中历史核心素养具体包含了以下内容：唯物史观、时空观念、史料实证、历史解释与家国情怀，它是学生认识历史、探究历史的主要途径。对核心素养的培养，不仅可以让学生拥有史观的角度，从辩证的角度来分析历史现象的影响因素，还可以利用历史资料的实证，来研究在一定时期内，政治、经济、思想等各种影响因素对历史矛盾所造成的影响，从而让学生对历史事件和历史人物有一个合理的认识，这也是一种对历史资料的综合。可以说，在课堂中，教师对学生的核心素养进行有意识的培养，能够让历史教学将学生的探究兴趣完全激发起来，让他们在课堂上体验到更有意义的知识探索过程。

一、关注课前预习，切实做好高中历史课程教学准备工作

课堂预习是课堂上进行的一种形式。掌握了课前预习的情况，能够使学生在预习阶段就形成了一个良好的自主学习习惯，并且能够更好地了解所学的知识。应当注意的是，在核心素养的条件下，课前预习要围绕着学生对知识的学习方法展开，教师在预习的时候，既要对知识点进行渗透，使学生具备了一定的知识积累，又要运用历史唯物主义的观点，拓宽了学生的学习视角，使他们可以从各个时期的不同的背景出发，去分析这些历史事件。与此同时，在预习的过程中，学生不仅会对所学的东西有一个清晰的认识，并且在这个认识的基础上，他们还会对

所学的东西产生很多的疑惑，例如：对知识的不了解，对事件的形成的分析不够深入，这些都对他们在课堂上的学习起到了很大的作用，有利于他们带着问题进行深度学习，进而提升他们的分析能力与解决问题的能力。

比如：《诸侯纷争与变法运动》，教师在教学过程中，精心制作了一份预习导学案，其中包含了春秋战国时代的经济发展、政局变化等方面的重要信息，并结合一些具体的事例，请同学们尝试去分析，在战国时代，变法运动是如何进行的，它的结果又是怎样的。在预习导学案中，有许多的知识点，学生可以在导学案中使用教师所提供的资料来进行学习，也可以在推断出相应的历史原因后，再回到史实，从教科书中和网络上搜集有关的史实。教师在此情形下，应事先给予学生相应的网站，由于学生辨别历史事实的能力有待于加强，若出现了非历史事实的证据，并加以利用，则会造成对历史事实认识上的偏差。在预习环节中，学生的积极性得到了极大的提高，往往能够通过各种途径来解答预习导学案中提出的问题。然而，也存在着某些意料之外的情形，例如，学生搜集信息和整理信息的能力较弱，例如，在学习本节课前，学生已经对春秋战国时期的变法运动有了一定的认识，进而形成了一种思维定式，这都会造成学生的预习效果不佳。作为一名教师，要根据学生的学习基础，设计一份预习导学案，更要在课堂教学之前，检查学生的预习，分析他们在预习中所出现的问题，并将课堂教学与课前预习结合，为学生提供一个提问的平台。

二、转变教学思路，提高学生对历史课程教学的关注程度

根据历史教学的实际情况，我们可以发现，如果教师们按照一成不变的教学理念来进行授课，那么这种方式就不能满足学生们日益增长的学习需求。因此，在历史课程改革不断深入的情况下，教师要提高历史课堂的教学水平，要在历史课堂中培养学生的核心素养，就要转变自己

的教育理念，明确自己的作用。教师不仅仅只是传授知识，同时也是一种引导和促进。在课堂中，教师应注意培养创造性的教育观念，在教学方式上进行改革，使之成为一门富有创造性的学科。同时，通过营造一种趣味盎然的氛围，积极地引导学生的学习思维，不过分地压抑他们的个性，激发他们对历史事件、揭开历史真相的兴趣，引导他们的认知发展，在历史学习中，培育其核心素养，促进其知识的学习和再创造。

例如：在《从隋唐盛世到五代十国》一课教学时，教师先以隋代至今仍存的大运河为例，让同学们根据这条运河开放之后，政治、经济的发展，来推断出隋唐时代的社会是何等的繁华。接着，在教师的引导下，根据历史主义和史料的证据，认识到在隋唐时期，在经济发展的大环境下，存在着一种民族的整合倾向，因此，可以让同学们从民族整合到国家统一的视角，体会到在历史教学中的家国之情。转变教学理念，采用一种导向性的方式，让学生探索某些特定的知识，并要求学生在分析历史事件时，要有相应的史料作为证据，从而加强了学生的史料实证素养，使其养成了依据史料说话的好习惯。在教师的引导下，学生的学习思路变得更为广阔，他们不再被教科书中知识点的排列方式限制，而是根据自己的需求来搜集学习资料，他们可以自己搜集，可以与其他同学交流，也可以向教师咨询，让课堂的学习氛围变得非常活跃。在对学生的成绩进行跟踪观测后，教师要对其做出适时的评价，使其认识到自己的微小进展，进而促进其自主学习。

三、调整教学方法，选择易于学生接受的方式进行授课

在“应试教育”逐渐被“素质教育”取代的今天，教师应当重新审视自己的教学方法。在核心素养的大背景下，高中历史课堂教学体制得到了进一步完善，各种新的教育理念被应用到了教学实践之中，产生了很多新的教学方法。在应用这些教学方法的过程中，教师要注重学生的学习，并结合学校的实际，充分利用一切可以利用的教育资源，为学

生营造良好的学习环境。在课堂教学中，培养学生的核心素养，促进学生的全面个性化发展，这就需要教师能够根据自己的实际情况，不断地改变自己的教学方法，不仅要采取新的方法，使学生对自己所学的知识感兴趣，而且要采取有体系的方法，以适应不同水平的学生，并根据他们在课堂上的表现，不断地调整自己的教学方法。在课堂上，教师应根据自己的实际情况，采取适当的教学方式，以调动学生的主动性和积极性。

例如在《隋唐制度的变化与创新》一课中，教师以三国两晋南北朝到隋唐时期的制度变迁与改革为中心展开了讲授，以期让学生从史书中获取自己的历史知识，并对历史现象做出理性的判断，从而达到解读历史的目的，这就需要教师转变讲授方法，着重于如何指导学生探索隋唐制度变迁与改革，如何描述史实，如何探索历史规律。教师对学生们的知识和对隋唐体制的理解给予了充分的重视，并对学生们介绍了当时的政治、经济、军事、科技等发展情况，让学生们从多角度去剖析体制改革和革新的必然，让学生们从客观和多角度对隋唐体制的改革和革新提出自己的见解，这便是学生们对历史的叙述。在教师的循序渐进的引导下，学生可以在课堂上遵循教师的节奏来进行学习，这样既不会给学生带来额外的学习压力，也可以让他们经历对史实进行探究的整个过程，这对学生对史料实证与历史解释等核心素养的培养大有裨益。

四、设置学习情境，带给学生更为真实的历史学习体验感

很多学生认为，历史的学习非常困难，很难将历史的原因进行梳理，很难将历史的年代序列与特定的事件相结合，这是由于在学生与史实之间有着一道不可磨灭的时空差距，他们不能真正地体会到当时的情景，不能与当时的人们建立起某种联系。与此相反，他们亲身体验的生活，对他们的影响更大，这就是他们对生活的真实感受。因此，教师可以从这个角度出发，加强学生的历史体验感，使他们在课堂教学中有一

种模拟的经历，营造出一种丰富的教学情景，从而使他们获得真实的历史教学体验，从而有助于他们发掘更多的教学素材，培养他们积极的情感，采用情感互动的方式提高教学效率。

比如：在学习《辽宋夏金元的文化》时，教师不向学生解释在历史课本上能看到的历史结论，而是通过情境来指导学生了解历史，当有了真实的历史经验后，再让学生结合自己的学习经验来解释。在教育活动中，教师向学生们提供了大量珍贵的历史资料，并把历史资料和多媒体装置有机地融合在一起，充分利用了信息技术在课堂上的帮助，使学生们能够亲眼看见或亲耳听见相关的历史事实，这样比起课本上的内容，能够更加直观地获取历史资料。同时，教师还设计了问题，让学生根据史料，去研究并解答关于孔子复兴和文学艺术的问题，从当时各民族的相互融合的趋势来看，从历史世界的发展进程来看，能够让学生对当时我国的经济发展和文化成就有一个更为清晰的了解，这有助于学生解决历史问题，做出历史的说明。通过情景的帮助，让学生们对辽、宋、夏、金、元时期的文化特点有了一个比较完整的认识，这些都不是课本上所说的那些简单的历史结论所能解释的，这样一种切身的历史经验会使学生们在教学中一直处于一种积极的状态，同时也使他们能够用自己的观点去看待这些历史现象，进而产生一种对历史的认识。

五、强调合作学习，让学生对于历史知识的学习更有深度

将历史知识的学习与核心素养的培养有机地融合在一起，能够提高学生的知识内化能力，使他们能够进行一个有意义的建构。而在课堂教学中，将合作学习融合在一起，既能够让学生在互助共学中，寻找到解决历史问题的方法，还能够加强他们对历史知识的理解，深化他们的学习感悟，提高他们的思辨能力。这是一个不能通过自主学习来达到的教育目的。因此，在课程标准中，也鼓励教师在课堂中使用合作学习法，让学生在互助共学中，参与对问题的讨论，寻找与历史事件相关的

史实，说明历史现象，并将历史意识应用到我国当前的发展中，提高学生的爱国主义情怀。在课堂上，要让学生进行合作学习，教师不仅要注重分组，还要注意小组中学生的学习节奏，看他们能否有自由表达的机会，并将他们在与同学的交流中所激发的思维火花，当作一种宝贵的课堂生成资源，应用在历史教学中。

比如，在讲《清朝前中期的鼎盛与危机》一课时，要求学生们不仅要了解到当时的繁荣景象，更要了解这种繁荣景象下隐藏的各种风险，因此，学生们必须用历史唯物主义的观点来看问题，做出准确的判断。在课上，教师将以此为核心，进行小组合作，学生们可以进行讨论，有从繁荣的角度来讨论康乾盛世，也有从危机的角度来分析当时的国家发展所丧失的机遇。在学生的讨论与交流中，教师不对他们的观点和说法进行任何的约束，但需要他们在小组中进行良好的沟通，让他们能够一分二地看待问题，辩证地看待历史现象。教师还对比了同一时代的东西两方面的发展，一方面是因为当时是康乾时代，另一方面也是因为当时的情况，即使是在当时的情况下，也不能说是落后于现在，因此，要做一个伟大的国家，就要在保留自身的优点的同时，也要看到当今的发展机遇，以史为镜，将清朝前后的危机作为突破口，激发出学生们的危机感，加强对祖国的教育，让学生们在不断的学习中，感受到一种很强的社会责任感和历史使命感。

六、举办探究活动，让学生在实践探究的过程中有所收获

伴随着对高中历史五大核心素养的逐步深入，教师在课堂中所组织的教学活动也越来越多，可以将教学视角集中在学生对历史问题的探索上，通过进行历史探究实践，让学生找到自己周围的历史，体会到时代的变迁。开展实践探究，不仅丰富了历史教学的形式，而且将历史教学由课堂延伸到课后，增强了学生的学习体验感，让他们在课后主动地阅读相关的历史资料，真正感受到祖国发展对我们的生活所产生的正面作

用。从历史核心素养的培养来看，学生可以通过丰富的史料，对自己国家的历史文化进行深入的研究，也可以在教师的指导下，与同学的经验交流中，得到看待历史问题的不同视角。同时，他们能够通过历史主义来综合地分析历史现象，并将其应用到实际生活中来，提高了他们应用历史知识解决问题的能力。

比如，上完一节课《食物生产与社会生活》，教师带学生到一家食品加工公司，教师和学生都仔细地听着该公司的老板讲述，并对该公司的成立、发展过程有了一定的认识。虽然只是一个工厂在历史变迁的过程中所发生的变化，但是学生可以从中得到很多的信息，比如：不同时代发展对食品生产的需求，生产落后的时代所使用的生产机器等，这些都与学生所学的本单元知识有着紧密的联系。在参观过程中，既能提问，又能从相关的史料中获知改革后物价变动情况。如今，人们对于食物的关注越来越多，对于食物的安全问题也越来越多，从一个企业的发展中，我们可以看出人们生活的改变，从而体会到社会转型后的经济发展和繁荣。另外，还可以对学生的实践探究活动进行深入，将其与食物采集、食物生产、食物物种交流和现代食物的生产进行融合，让学生将自己的学习经验与探究活动进行融合，深化他们的学习经验，让他们体会到食物生产设备的现代化给社会所带来的积极的影响，并将探究的主题引入消除饥饿与食品安全，让他们用自己的知识积累来讨论。

七、布置个性化作业，让学生在高质量完成课后作业中有提升

历史作业作为历史课堂教学的一种自然而然的扩展，长期以来，教师并未重视其设置，而是将基本知识、基本技巧的培训融入作业中，将其视为对已学内容的一种巩固。而从核心素养的视角出发，教师要用一种新颖的方式，打破原有的作业布置方式，赋予历史作业新的生机，使学生的课外生活也能焕发出历史的光彩。通过设计有针对性的任务，不

仅可以提高学生们对知识的兴趣，帮助学生们解决问题，还可以提高学生们的知识水平。在高中历史课堂上，教师的“个性化”作业必须具有时效性、针对性和创造性。

比如，在学习《全球航路的开辟》一节课后，教师布置了一项个人化的课余任务，通过一位旅行者的历险经历，来理解旅行者的冒险精神，并提问：“‘麦哲伦号’上的人来自世界各地，这代表着什么？”“伊比利亚半岛诸国的航行，折射出欧洲航海者的哪一条道路？”在“黄金热”中，开辟新航线的意义又是什么？虽然问题看上去很多，但在课下，学生可以按照自己的兴趣选择一个进行阐述，学生要做到论从史出，回答不少于100字。当然，每个问题还附带了一个航海家的冒险故事，让学生们觉得非常有趣。在个性化作业的指导下，可以自主选择，也可以基于冒险故事，收集与其相关的史实，用历史唯物主义和辩证唯物主义解答问题。个性化作业的设置和执行，既可以为学生营造一个良好的学习环境，使他们能够在作业的探究中认真思考，积极参与，也可以通过高质量的完成，来锻炼和提高他们的知识运用能力，进而实现对高中历史的良好学习。

八、关注教学反馈，切实让高中历史课程的教学更有意义

在历史教学中，教学反馈发挥着重要的功能，是教师进行自我反思和总结的基础，可以推动历史教学质量的提升，进而提升教学效果。通过观察学生在课堂上的行为，搜集他们在课堂上的反馈，根据实际的教学情况，调整自己的教学方法，优化教学结构，不断提高课堂上的教学效率和教学质量。这就需要教师在教育实践中，通过对教育资料的科学研究，将教育信息转换成宝贵的教育资源。在反馈环节中，要分析课程教学中的教学特色是否显著，学生在课堂中能否辩证地看待历史问题，在提出问题时，是否有与之相应的史实作为论据，还有课堂教学中存在的不顺利之处，比如，没有通过教学手段调动学生的积极性，没有通过

教学问题指导学生探究历史现象等。这些宝贵的教学反馈有助于教师对当堂课的教学内容展开教学反思，教师们做好认真的反思，能够让教师们在今后的教学过程中不断地进行优化。那么，怎样才能在课堂上培养收集教师的反馈习惯?

首先，在课堂的互动中，要注意对学生的信息的导向，同时要注意课堂上的反馈。通常，学生的知识都是从教师那里获得的。所以，教师就可以用问题来指导学生反馈，并关注及时反馈，随时掌握学生的学习情况，在课堂中直接调整教学节奏，以促进学生的有效学习。其次，并不是每次上课都会有教师的反馈，教师可以通过搜集反馈，在课后对同学的学习进行评价，并在下次的历史课程中，教师可以通过简单的复习，指导同学复习已学过的东西，并调整上课的节奏，让同学们按照自己的实际情况去上课，从而更好地调动同学的积极性。

综上，在中学历史教学中，通过教学活动，逐步渗透核心素养，通过课前预习，学生对所学的知识有一个整体的了解。在课堂中，教师要改变教学思路，调整教学方法，突出学生的主体，运用教学语言，与学生进行高效的互动，让他们体会到运用史料来剖析历史现象的过程，培养他们的独立分析能力。此外，将合作学习、实践探究等活动整合到课堂中，还能拓展学生的学习途径，使他们能够在生生的交流中，寻找到一个新的角度去看待历史问题，从而掌握用历史主义的观点去解读历史。此外，仔细地设计好作业，重视学生的学习反馈，能够让他们更好地进行学习，更好地推动他们的学习。

第二节　优化基于核心素养的教学方法

在全球经济一体化的背景下，高中历史教学的重要性日益凸显。但是，在目前的历史教育中，存在着与生活的不协调、时代感不强、教学方法单一、枯燥乏味等问题。针对这种情况，作者根据自身的经验，从提倡探究性学习，开阔学生视野；改进教学方法，提高学生的主动性；在教学中，创设情境，激发学生的想象；对题目展开固定的分析，加强答题的效果。根据这几个方面，有针对性地提出了在核心素养的条件下，高中历史的一些教学策略，以期能够为一线的历史老师提供借鉴。

一、提倡探究性学习，拓宽学生视野

构建新的中学历史课堂，既要改进自主探究的方式，又要改进合作探究的方式。第一，通过构建自主的研究性学习模型，让学生根据所学的历史知识，学生自己提出问题，找到问题的解答，从而发现更深层的知识。让学生感受到一种唯物主义历史观，在教室外，找到更多的历史证据，并证实问题的回答，从而提高学生的自主探索能力，培养他们的历史核心素养。第二，在课堂教学中构建协作式的研究方式。由于个人的能力是有限的，所以在处理历史问题的时候，必须要联合团队的力量。在历史教学中，教师可针对不同的学生，组建多种形式的合作探究小组，其整体水平保持一致。将教材中的知识划分成若干小块，在不同的小块中进行不同的探索，以达到相互促进的目的。发现自身的不足，

与他人一起改进，共同提高，从而开阔学生的眼界。

二、创新教学形式，激发学生兴趣

学习不能只是被动的接受，更要做到“书山有路勤为径，学海无涯苦作舟”，与许多东西相比，读书并不容易，尤其是对于一个孩子来说。所以，教师要想尽一切方法，来调动学生对学习历史的兴趣，让他们不会再感到学习是一件多么困难、多么无趣、多么枯燥的事情，进而让他们有积极地去学习的愿望。古人说：“教人未见其趣，必不乐学。”本文通过对中学历史课教学过程中所遇到的问题进行分析，提出了一些解决问题的方法。

首先，要讲究方法，不要一味地“灌输”。比如，在课堂导入阶段，教师就可以运用多种课堂引入方法，从一开始就激发出学生的学习兴趣，让他们一堂课都能有一个好的学习状态，比如，故事引入法。在教学过程中，教师可以通过讲一些正史中的真实故事，或者是杂志社中的一些离奇的流言，来激发学生的学习兴趣。还可以使用悬念引入法。历史永远都是引人深思的，史实真相永远都是令人费解的，而这些都是有待考证和追寻的。所以，教师可以充分发挥这一特点，为学生提供一个悬念，使他们产生探索的愿望，提高学习的兴趣。

其次，21世纪是信息化的时代，信息技术的发展对社会的影响是巨大的、深刻的、难以想象的，当然也包括在教育中。本文作者认为，在多媒体教学中，教师应充分利用多媒体技术，提高学生对多媒体教学的兴趣。

如此，我们就能够不断地创新教学形式，在某种意义上，我们就能够激发学生的历史学习兴趣，从而为构建有效的课堂，提高学生的历史核心素养打下基础。

三、创设教学情境，启发想象思维

在这漫长的历史长河中，有太多太多的精彩的篇章。然而，由于这些教材中所记载的东西都很少，再加上教师所使用的“灌输式”教学方法，使得这门课程显得枯燥乏味，甚至令人感到厌烦。教师们要不断地更新自己的教育理念，运用多媒体技术为学生们营造出一种逼真的学习情境，用生动幽默的语言来讲述历史，让学生们感受到自己的亲身经历，让学生们置身于历史的汪洋大海之中，激发他们的想象力和创造力。

四、固定题型分析，加强答题效果

（一）选择题型分析

高中历史选择题有以下几种常见的类型，笔者仅一一进行阐述。

1.“组合型”

所谓的“组合型”，其实就是一种多项选择题的变种，在做这道题的时候，最好是用排除的方法，先排除那些明显错误的、不合理的选项，然后再从剩下的选项中选出正确的答案。哪怕是不确定答案，正确率也会大幅度提升。

2.“因果型”

“因果型”选择题的重点在于，要明确问题所涉及的问题究竟是根本原因、主要原因、直接原因还是客观原因等。假设是“根本原因”，有五个视角，即经济基础与上层建筑、内外因原则、综合国力、民族利益或阶级利益、生产力与生产关系。这五个方面是解答问题根源的钥匙。

3.“材料型”

“材料型”的题目，一般都是一些比较混乱的题目，回答这种题目的时候，需要从中找出一些有用的信息，比如时间、地点、人物、事件等。把注意力集中在阅读资料上。

4. “逆向型”

“逆向型”的选择题其实很好做，但仍然有不少学生做错。这类题问的是“不正确的是……”“不包括……”“不能正确反映的是……”。

（二）材料题型分析

历史材料题的解题，是检验一个人对历史知识掌握程度的一种重要形式。只要我们能在这一部分中拿到高分，就说明我们在这方面的造诣还算可以。笔者看来，材料题的解法是一个系统化的工程，必须循序渐进地进行。

1. 先看设问，再读材料

许多学生阅读材料，可归结为漫无目的地读，这样的阅读效率较低。一般来说，在我们阅读材料前，我们应该先弄清楚设问的内容，然后再带着明确的、具体的问题来阅读材料，这样能够加速我们获取有效的信息，大大节省了解题的时间，提高了答题效率。

2. 找寻关键字句，提取有用信息

我们必须明白，不是每一个词语和句子都是可用的。识别有效的资讯是历史学的一种基本技能，我们必须从海量的资讯中，找出有意义的资讯，包括时间、地点、关键人物等。要知道，有些问题是文言文，这也是对我们文言知识的一种考验，我们不需要把问题逐个翻译，但是要能用简单的几句话概括出问题的要点，这样才能在做出最后的回答时不会出现大的偏差。

3. 与课本知识相结合

我们在考试中遇到的所有问题，最终都与课本和我们所学习到的有关历史知识密不可分。很多学生在做资料类题目时，往往会比较随意，想怎么做就怎么做，这样做并不算是一个聪明的行为。当我们提取了一些有用的信息之后，首先要将课本中的相关知识联系起来，找到他们之间的交叉点，并进行相互印证，以便更好地了解课本，更好地解答问题。

4. 组织答案，看分答题

经过了前三步，这个问题的答案实际上就在我们的脑海里了，但这个答案与将要写在纸上的答案相比，还需要更多的修改和完善。我们必须改写自己的语言，改变回答的长短，以每个问题的分数为基础。分数较低者，应简明扼要，分数较高者，则应详尽完整。如果一个问题的分数很高，但是我们的回答很简短，那就说明这个回答有问题，这个时候，我们就应该回头去想一想，再看一遍，然后对这个问题进行补充。当然，在填写资料类题目的时候，一定要保证试卷表面的清洁，字迹的整洁。

综上所述，在高中历史课程中，加强“以人为本”的学习，有利于提高高中历史课程的教学水平，促进历史课程的改革，是一项十分有效的工作，值得广大高中历史老师关注。历史不仅是对过去的回忆，更是对将来的展望。教师要调动历史教学的积极性，从学生的未来发展的角度来思考，并深入挖掘学生的历史素养，以提升其能力，更好地面对未来。

第三节 组织基于核心素养的学习活动

一、历史活动学习的内涵

在“活动学习”这一概念上，一些学者认为“活动学习”是一种通过扩大学习方式、扩大学习空间、通过多种方式开展各种活动，学生的主体意识得到充分发挥的学习。这种学习对课程而言，既包括各科教学中的活动学习，也包括活动课程中的活动学习；对于学生来说，他们可以通过课堂和课外两种方式来学习。也有学者从合作的视角出发，提出了“合作活动学习”，他认为“合作活动学习以社会心理学、智力理论、认知心理学等为依据，对课堂教学中的人际关系进行研究并运用，以师生、生生、师师合作为基本形式和动力，开展小组活动是最基本的教学方法，其根本目的是提高大多数学生的学业水平，培养学生良好的心理品质和社会技能”。从这一点可以看出，“协作式”的本质正是合作学习。由此可见，“活动学习”实际上是一种超越自主学习、探究学习和合作学习的学习方法，它是自主学习、探究学习和合作学习的统一。因此，无论何种形式的学习，在进行教学时，都要把学生的主动性、主动性和创造性作为自己的主动性。

对于历史活动学习，一些学者从历史学科的特性入手，提出“历史活动学习”就是在历史教学活动中，在教师的指导下，学生可以积极地参与其中，以学生的兴趣和内心需求为依据，以积极地体验和感受历史过程、探索和解决历史问题为主要特征，以促进学生认知、情感发展、创新意识和能力发展为目的的课堂实践活动。也有人提出，“历史活动式”是在我国新一轮基础教育课程改革试点中出现的一种全新的教学模式。它以“活动推动发展”这一现代化的教育思想为基础，在教师的指引下，根据正常的课程内容和课程安排，把教室作为基础，以学生的主体活动为其最基本的特征，让他们通过自主活动、自主思考、自主探究、自主实践，让他们在历史活动中获取经验，在历史活动中成长。笔者认为，本文所讨论的“活动式”学习只是一种在历史课堂上进行的“活动式”学习，而并未考虑到历史学科自身的特性。我们认为新课改下的历史教学，既要有“课”，又要有“课后”。对于一种课程来说，没有课外的预习，就没有一种课程能够在课堂上进行，这一点在历史教学中尤为明显。

二、历史活动学习的形式

在历史教育中，教师与学生之间的交往与发展是一个相互影响、相互促进的过程。在教学过程中，要根据教学内容和学生的具体特点，选择合适的教学方法，才能取得最好的教学效果。活动学习的形式多种多样，按其类型划分，主要有实物活动学习、交往活动学习、阅读活动学习、艺术活动学习、探究活动学习、观察活动学习和合作活动学习等。按类别划分，有四种类型：课堂学习型、课外学习型、综合实践型和专业型。笔者在总结了自己多年来的教育经验和对这门课程的理解后，得出了如下结论：

（一）课堂讨论

在新课改进程中，要使新课改取得更好的效果，它所要做的，就是用一种集体性的方式来交换知识、观点和情感，让人们体会到合作的意义，以此来提升个体的历史思考能力，并在群体中培育出一种公民的历史意识。近期，笔者对中学历史课的实际情况做了一个问卷，问卷中有以下几个问题：①教师授课（通常方式）；②（使用多种媒体）教师授课；③运用多媒体技术和教师的课堂教学方法进行课堂教学；④教师和学生一起进行讨论和争辩。调查表明，200多人中有23人选择了①，占比11.5%；有32%的候选人是64个；90位候选人（45%）；23名应聘者（11.5%）。事实表明，比起讲授来说，课堂讨论更受到学生们的青睐，这是由于，在学生们的主动参与下，能够最大限度地将他们的认知能力的潜力进行挖掘，同时也能够有效地激发出他们对历史的兴趣和动力，从而很好地满足了他们的求知欲、成功欲和表现欲。

在历史教学中，课堂讨论经常以小组为单位进行，即在教师的引导下，小组成员围绕一个中心问题，提出自己的见解，以达到互相学习的目的。在课堂上，教师应根据同学的特点，将志趣相投的同学分组，使其不至于成为一个空架子。有的时候，我们还可以采用邻近的方法，把学生分成几个小组，以便在课堂上进行交流。不过，再怎么分配，也不能人数过多，5—6个人就够了。当然，这次的研讨并不需要分成许多个组，而是要根据不同的情形而定。在课堂上，如何选择合适的问题是一个关键。讨论的问题应该是经过仔细设计的，而不应该是随机产生的，它们应该是教学内容中的关键或者难点，它们应该是在教学过程中产生的有价值的问题。问题还必须是可以让学生展开多样化的、多向的、可以引起学生兴趣、愿意去讨论的问题。如果不这样做，那么在教室里进行的讨论将是毫无意义的。

（二）影视品评

历史是一门以历史为特征的科学，所有的历史现象和事件都是在历史中出现的，无法再现。最近几年，伴随着信息技术在教育教学中的应用，大量的影视作品被应用在了历史的教学中，这些作品能够将曾经的历史真实地呈现在学生的眼前，让学生在声、色、光、电的共同作用下，获得意想不到的结果。本文作者在讲授必修课Ⅰ专题四中关于“一国两制”思想与实施的过程中，就充分运用了录像这一手段。香港和澳门的回归，重现了当年的辉煌，让学生们感受到了祖国的富强，纷纷表示要努力读书，努力工作，为祖国的强大做出自己的努力。

（三）角色扮演

建构主义主张，不是通过教师的教导而来，而是学习者在特定的社会环境下，在学习的过程中，借助别人（包括教师和学习伙伴）的协助，通过需要的学习材料，通过意义建构的方法来获取的。在历史的课堂上，创造一些特定的教学情境，让学生在合作和交流的过程中，积极地探索历史，这是一种新的历史课程的发展趋势。在这种情况下，已经逐步发展为一种以“主动性”为主的教学方法。“角色扮演”是指在教师的引导下，让学生通过角色扮演，进入一种特定的历史环境，主动地去经历、去体会、去探索、去了解一些重要的历史问题，从而提升自己的历史学习兴趣，加深自己对历史知识的了解，推动自己的认知、感情发展。

（四）撰写历史小论文

历史研究论文的撰写，主要围绕着学生在课堂上所关注的问题，在教师的指导下，通过对材料的收集和分析，形成了一篇论文。历史论文的撰写要符合历史学科的特点，在搜集资料和分析的过程中，要有科学和具体的指导。在撰写历史文章时，学生有充足的时间利用比较丰富的材料，对一个课题进行多方面的研究。在进行写作时，可以发现或建构他们以前不知道或不理解的主题观点和看法，区分、归类有关的和不相干的信息和资料，并将主要的和次要的观点进行归类，建立起语义上的逻辑关系，设计出文章的结构，进而很好地提高了分析问题的能力。在写作中，要坚持“论从史出”“史论结合”的原则，注意提高学生的搜集、整理和分析能力，最大限度地调动他们的积极性和主动性。另外，在撰写历史文章时，可以通过查阅相关材料，加深对文章内容的了解，进而产生一些对历史的认识。主题可以是时事、历史主题、社会主题，或者是那些能够引起学生们的好奇心和想象力的事物。

（五）编演历史剧

编演历史剧，就是利用课余时间，通过收集、阅读资料，写出一个历史脚本，并安排一个角色进行排练，在课上，由学生们扮演（有时候也会有教师参加）各种角色，表现出与历史有关的人物或历史事件的活动，从而体会历史。每个人都有一种天生的表演才能，而编排历史剧的这种活动形式，能够让学生在“做”中获得乐趣，从而提高学生搜集资料、阅读资料的能力，让学生置身于真实的情境之中，感受人物的个性和感情，从而能够进入特定的历史情境之中，对所学的历史知识有更深刻的认识。但是，历史剧与角色扮演不同。历史剧是指在历史教学中，学生们根据自己的实际情况，来表演一部历史剧。而角色扮演则没有任何脚本，一般都是教师在课上根据教学的要求，让学生们在课堂上进行即兴表演，从而更好地感受到历史。在一定程度上，角色扮演是指在一定的问题情境中，师生共同参与到“角色”中去的一种课堂讨论。

（六）历史调查与访谈

历史调研与采访是对历史人物、历史事件与历史现象的一种观察、分析与研究。让学生去拜访自己的前辈或身边的年长的邻居，聆听他们的叙述，对他们所经历的历史进行记录，并让学生去收集老照片及实物资料，激发学生去探索历史的兴趣，进而对历史有所了解。在进行研究与访谈时，一定要有一个主题，可以是教师提出的主题，也可以是学生提出的主题。

研究历史行为的方法多种多样，但它们并非相互排斥，而是相互联系和影响的。因此，在进行历史教学活动时，我们不能孤立地使用其中的一种方法，而要努力将它们有机地组合起来。在充分考虑到具体课堂教学的目标、内容和重点的前提下，自觉地、有针对性地选取活动形式，并将其结合起来，以最大限度地调动学生对历史的参与。

第四节 开发基于核心素养的教学资源

新课标明确指出："学生通过高中历史课程的学习，要进一步拓宽历史视野，发展历史思维，提高历史学科核心素养。"因此，在高中历史的教学中，如何培养学生的唯物史观、时空观、史料实证等核心素养，是每个教师都要思考的问题。笔者拟将其与高中历史部编版教材（以下简称新教材）进行关联，探索如何寻找各类教学资源，并利用新教材对学生的历史学科核心素养进行培养。

一、寻找教材资源，培育学生历史核心素养

（一）利用教材中的历史地图

地图以其简明、形象和直观的特点，可以很好地体现出"即书而求难，即图而求易"的特点，由此可以看出地图在学习历史中的重要作用。新教材对历史地图进行了精心选择，为学生提供了丰富的历史信息资源，教师在教学中充分利用了丰富的历史信息资源。

比如，在新课本《中外历史纲要（上册）》第一课"中华文化的起源和初期国家"中，笔者巧妙地利用了"西周分封图解"这一主题，提出了一连串的问题：①分封制度是从什么时候开始的？②土地分配的主体是什么？③这些国家的特征是什么？④封疆大吏的封疆大吏地位如何？引导学生思考。在学生代表的讲话结束后，笔者对其进行了点评和归纳，并补充了对历史人物或事件的评价的方法：要用历史唯物主义的

观点、辩证唯物主义的方法，即辩证的全面的一分为二的方法来进行评价。这样的以课本为研习素材的教学方式，既能调动学生的求知欲，又能培养他们的唯物史观、史料实证和历史阐释能力。

（二）利用教材中的“史料阅读”“学习拓展”等栏目

新版教科书的栏目设置与人教版有较大的不同，例如增加了“史料阅读”“学习拓展”等。其主要作用是为学生提供一个学习历史的平台，并在此基础上对其进行全面的教育。

在新课本《中外历史纲要（上册）》第十五课“明清两代经济和文化”的教学中，笔者指导学生们在“史料阅读”一栏里读到了一段：“新都城节俭之冠，故其富庶之冠。贾人娶妇，几个月就会离家，有的甚至几十年都会离家，有的甚至是父子相见，却互不相识。大贾动辄几十万大军，都会有几个副官，还有几个眼线。他们都是不偏不倚的人，所以才能在商贾中幸免于难。有一日，有一子一母，甚是羡慕，而副贾，是以贾氏并不是一个人的力量。他俗习懒习赚，与贾无伴，与贾不相配。其数奇货可居，宁终生流浪而亡，以耻于同乡。男子成婚，娶妻，在家中积岁吃，被亲朋好友取笑。女子也能守住自己的传统，而不会后悔。”然后，请学生们在此基础上，结合已学到的知识，提出自己的问题：徽商兴盛的原因是什么？学生们在进行了小组讨论之后，推选了一位代表来进行交流，并分享了自己的研究成果，作者进行点拨。

“我们不仅要在教室里学习，还要在教室外学习。”在完成这一课程之后，作者在“学习拓展”部分，给学生们布置了一项课外研究任务：明、清两代，欧洲的传教士向中国传播了西方的科学和技术，并把中国的文化引入了西方，例如“四书”“五经”和拉丁文的译文，以及18世纪许多欧洲的启蒙运动思想家，都从这些译文中吸收了不少的思想元素。“中学西渐”在此期间的发展过程，以及它所产生的历史影响，我们可以参考有关文献和著作来理解。在这种探究的过程中，不仅可以提高学生的探索能力，还可以对他们的史料实证、历史解释和家国情怀等学科素养产生积极的影响。

二、寻找网络资源，培育学生历史核心素养

（一）利用网络多元素材

近年来，随着信息技术的快速发展，网络多元素材在高中历史教学过程中起到了很大的影响，可以将枯燥乏味的内容变得生动起来，将静止的内容变得动态，将抽象的内容变得形象，这样就可以让学生的学习兴趣变得更加浓厚。为此，在《国家中长期教育改革和发展规划纲要》中，提出了“加强信息化建设，加强教师信息化建设”“转变教育理念”“创新教育方式”“提高教育质量”的要求。因此，在教学实践中，只要有可能，教师都应尽可能地利用网络资源，可以制作多媒体课件，也可以制作微课，让学生从视觉、听觉等多角度去感知历史，培养学生的历史核心素养。

比如，在新教材选修Ⅱ《经济与社会生活》的第4单元“农村、城镇与人居环境”、第5单元“交通与社会变化”的教学过程中，笔者通过“中学历史资源网站”“中学历史园地”“中学学科网站”等，收集了大量的教学资源，并将该课程的教学内容制成了多媒体课件。课件中的大量文字和图片，既能引起学生的注意，又能开阔他们的眼界，激发他们的好奇心。

另外，笔者在指导学生开展研究性学习的过程中，还要求他们要学会使用搜索引擎，在网络上搜索、收集有关的材料，丰富他们的历史知识。通过在协作中进行共享，学生既能够提高自己的探究能力，又能够强化自己的团队精神。通过开展研究性学习，能够对学生的史料实证和历史解释等学科素养进行有效的提升。

（二）利用网络学习平台

现在，手机上网已经变成了人们在日常的学习和生活中必不可少的一部分，特别是微信，由于其即时、简洁、易用、轻量、免费等优点，

深受学生们的喜爱，所以，手机网络已成了学生们在学习和生活中必不可少的一部分。因此，作者希望学生可以在放假的时候多浏览一下中国国家图书馆、超星数字图书馆、国学论坛、当代中国，以及“血铸中华”和“中国文化遗产保护网络”。通过对“趣史”“史学研究”“历史报”“有意思的历史”等“书信类”期刊的阅读，加深对“趣史”的了解。在此基础上，提出了一种新的、有价值的、有意义的、具有较高综合素质的新课程观。

三、寻找学术资源，培育学生历史核心素养

（一）利用专家学者的研究成果

中学历史教科书具有较强的稳定性和长期性，在某种意义上讲，它与历史学科的最新进展存在着某种程度的落差。然而，在对近年来高考文科综合中的历史题进行梳理后，我发现越来越多的题目以历史学科的前沿研究成果为背景材料。例如，《全球通史》，由美国历史学家斯塔夫里阿诺斯所写；《哥伦布大交换——1492年以后的生物影响和文化冲击》，由艾尔弗雷德·W. 克罗斯比所写；《世界史·近代史编》，由中国历史学家吴于廑所写；《新航路的开辟》，由齐世荣所写。

新课程标准提出，在学习的过程中，教师和学生要“分开收集并研读相关的资料，比如阅读与研究主题有关的论著，利用已有的学术研究成果等。每个小组要将所收集到的资料进行整理，并在小组内部进行讨论交流，以达成共识为依据，编写出属于自己的研究报告”。所以，在中学的历史教育中，教师应该突破传统封闭的教室，向学生敞开学术的窗，让他们在史学研究上呼吸清新的空气。例如，为了让学生“神入历史”，和古代人“交流”，笔者在新课本《中外历史纲要（下册）》第六课“全球航路的开辟”教学时，就让他们看了程春先生的《达·伽马:葡萄牙著名的航海家》、廖昌才先生的《历史上最伟大的探险家：麦哲伦、哥伦传》、杨巍先生的《孤独与荣誉：哥伦布航海日记》。在学习

的过程中，学生不但能感受到航海家开拓新航线的艰辛与不屈不挠的精神，更能提高自己的时间与空间概念素养。

（二）利用数据库中的学术论文

一些学者认为，很多新的史学研究成果已被反映到高中历史教育的实践中，对高中历史教育的发展起到了很大的促进作用。但是，由于种种原因，与史学相比，高中历史教育在发展上还存在着一定的滞后。即使是一些较为成熟的史学研究成果，也没有在高中历史教科书中得到反映。

在中学历史教学过程中，如何使新的史学成果在课堂上得到及时的体现，是一个迫切需要解决的问题。这就需要我们在中学历史教学中，紧跟时代发展的潮流，将最新的历史研究成果融入中学历史教学中。“知网”“万方”和“维普”三大文献资料库，以其较高的时效性，提供了较为全面的文献资料，能够较好地反映历史研究的发展动态。为此，作者试图将“知网”“万方”和“维普”这三个数据库中的学术资源整合到中学历史教学中去，从而达到提高中学历史学科核心素养的目的。

四、寻找乡土资源，培育学生历史核心素养

（一）利用名胜古迹等乡土资源

在中学的学习过程中，很多学生都觉得历史的学习就是死记硬背，很无聊。在历史课中，教师若能将教学内容与地方资源相结合，如历史名胜等，既能拉近学生知识层次和历史事件间的“距离”，又能激发他们对历史事件的兴趣，同时也能培养他们的“家国情怀”。

例如，在学习新教材选择性必修Ⅲ《文化交流与传播》第九课“古代的商路、贸易与文化交流”中“佛教于汉朝由印度经由中亚传入中国，并逐步被中国化，对中国的思想文化、文艺创造产生了深远的影响”，笔者就为学生们引见了当地著名的旅游胜地——北泉寺。

北泉寺建于1400多年前的北齐时期，是一座规模宏大的寺庙。贺溍在其《家山记》中说：北泉寺前有“兰州”“竹涧”“相径”“松关”“龙门”“碧岩”“玉花亭”“豹溪桥”“仁智树”等历史名胜，是历代文人雅士的聚集地，对中国古代思想文化、文学艺术的发展有着深远的影响。借此相辅相成，不仅能增进学生们对故乡的认识，而且还能培养学生们的家国情怀素养。

（二）利用民俗等乡土资源

民俗文化资源是与人们生活息息相关，世代相传，并带有一定的地域性的可使用性资源。利用当地的民间资源，在高中历史教学中，可以让学生感受到当地的民间文化，不仅有助于对其进行保护和传承，还有助于对其进行家国情怀的培养。

比如，在新教材选择性必修Ⅲ《文化交流与传播》第十五课“文化遗产：全人类的共同财富”中，笔者给学生们播放了一段孙周执导的《铁树银花》的短片，然后让学生们回想一下，在确山县有没有这样的故事，这让学生们的思路变得更加清晰，一些学生还主动站出来，向他们描述了过年的时候，他们去确山县的老乐山景区，看着那些手持铁花的人，他们的心情和感受。在此基础上，作者将确山铁花村民间传说的由来和演化过程引入学生们的教育中，以培养同学们的家国情怀素养。

（三）利用历史遗址和纪念馆等乡土资源

在新课程标准中，我们要把校园以外的各种社会资源，如：历史景点、博物馆、纪念馆、展览馆、档案馆、爱国主义教育基地，等等。本地资源是学校对外交往的重要来源。利用本土资源，可以激发学生对历史的兴趣，深化对历史的认识，促进其能力的发展，尤其是在对学生进行爱国主义思想教育上，有着独特的魅力和作用。

在高中历史教学中，要发挥本土优势。以新教材《中外历史纲要（上册）》第7单元“中国共产党与新民主主义革命发生年代”为例，结合确山县的地域特色，带领学生参观了确山县治安委员会旧址，杨靖宇将军纪念馆，朱沟革命纪念馆等多处爱国主义教育场所。通过讲解和革命先烈留下的遗物，让学生重温过去的革命历史，探究历史事件的背景和过程，有利于提高学生的历史时空观念、家国情怀等素养。

总之，在中学历史的教育过程中，教师“要注重对某一方面的学科核心素养的培养，也要注重对学科核心素养的综合培养”。在高中阶段，教师充分利用各种教学资源，从而使高中阶段的学习达到一个新的高度。

第五节　构建基于核心素养的评价体系

党的二十大的政治报告明确提出了“培育和践行社会主义核心价值”作为指导方针，把“立德树人”作为深化教育改革的根本任务。为了更好地贯彻中央的新政策，教育部在最近几年发布了一系列的文件，其中很多都提到了“核心素养”或者“核心素养体系”，并且明确地指出，要将“核心素养”和“学习质量要求”融入每一门课程的教学之中。历史学科核心素养的确立，为当前高中历史教学明确了“教学育人”的发展方向，同时也为我们对历史教材的分析，对教学过程的实施，对教学效果的保证，对教学质量的提高，提供了强有力的保障。因此，有必要建立一种科学、全面、以学科核心素养为中心的高中历史教育评价体系。现仅就构建该体系所涉及的主旨问题做一个初步探究和试析。

一、原有高中历史教学评价体系的内容及弊端

《高中历史课程标准》中所提到的“历史学科核心素养”，是新的高中历史教学的基本指导思想和评价主旨，并取代原来的评价指导。那么，原来的中学历史评价系统的内容是什么呢？有什么缺陷？

（一）评价的指导思想及存在的问题

《高中历史课程标准》中对高中历史教学的指导思想和评价标准，都是围绕着“三维目标”展开的，一节历史课的好坏，就是从知识和

能力、过程和方法、情感态度和价值观方面，对它的执行情况进行评判的，同时也是对历史教学成功与否的一个重要依据和准则。但是，“三维目标”是指在普通高中阶段，以同一学科为对象，不存在差别，不存在个人倾向，是普通高中阶段的一个整体。在具体应用到每一门课程时，都要有针对性地制定出适合该课程教学特点的、个性化的目标要求，这些都是在评估中存在的思维定式单一、指导思想抽象的问题。

（二）评价的基本内容及弊端

在《高中历史课程标准》的第四部分实施建议中，对中学历史教育的评价从五个方面进行了阐述，即建立学习记录、完成习作、开展历史调查、参加考试等。该评价系统的提出，是针对学生对历史知识进行重点评价的方式。这是基于新课程的要求，遵循了关注成果和关注过程这两个基本原则。然而，这种传统的评估制度，只是从形式和方式上对学生的学习成效和好坏进行了评估，侧重于对历史知识的专业教学，而忽视了对教育的影响。传统的评价体系未能顾及每一个人的个体差异，未能充分地体现出每一个人的主观能动性，因而不利于评价的全面性。

二、历史学科核心素养为主旨的高中历史教学评价新体系

新提出的历史学科核心素养基本内容作为对高中历史教学质量进行评价的根本原则和指导思想，下面我们就来看一下历史学科核心素养的五个方面，也就是唯物史观、时空观念、史料实证、历史解释和家国情怀，它们是怎样在高中历史教学评价体系中起着重要作用的。

（一）以唯物史观素养为评价导向

唯物史观是一种科学的认识方法，它揭示了人类社会历史的客观存在及其发展规律。人类对于历史的理解是一个由浅及深的过程。让学生对唯物史观的基本观点和方法有一个全面的了解，让他们可以把唯物史

观应用到对历史的研究和探究中，并且把唯物史观当作认识和解决实际问题的指导思想。在以历史学成果为评价依据时，要重视对历史学的各项基本观点的掌握和运用，并以历史学成果为标准，对历史事实进行分析、量化和定义在中学历史教学评价过程中，普遍存在着历史按照规律发展、人民群众创造历史并推动历史向前发展、生产力与生产关系互动与影响等基本观点。

（二）以时空观念素养为评价导向

时空观念是人们对于某一特定的时间与空间之间的联系所进行的一种观测与分析。任何一种历史现象都存在于一定的历史阶段和一定的地域背景，只有将其置于一定的时空背景下，我们才能对其进行准确的理解。掌握各种区分历史时空的方法；使学生能从不同的时间和空间的角度去把握历史的变迁和延续、一致性和差异性、局部和整体的关系。在以时间与空间概念为基础进行评估时，我们应重视历史知识的基本特征，也就是对于“过去性”性质的认知与理解。与此同时，我们也应该认识到，历史教科书的风格特点，也就是总的史学风格，也就是按历史发展的顺序来叙述和研究历史。

（三）以史料实证素养为评价导向

所谓“史实”，就是通过对搜集到的史实进行分析，并使用可信的史实，从而还原出史实。历史的发展是不可逆的，只有在现存的史料中才能对其有所认识。在学习历史的过程中，要注意搜集、整理和鉴别史料，做到“去伪存真”，这是学习历史的一个重要途径。培养学生对文献资料种类的认识，掌握文献资料的收集方法；通过对材料的识别，可以判断材料的真实性与价值，从中提炼出有用的信息，为史实提供可靠的证据；能用实验的态度来看待历史和现实的问题。在运用历史实证性素养进行评估时，应注重对历史类型的分析和理解，即历史文献中的文献、实物、图像等不同的历史文献的作用和功能体现；把握历史资料的价值，主要是指直接第一手资料和第二手间接资料的区别和联系。与此同时，还对“论从史出，史论结合”这一观点进行了重点阐述，并具有一定的指导意义。

（四）以历史解释素养为评价导向

“历史解释”是一种基于对历史事实的理解，并以历史材料为支撑，进行合理的、客观的分析与评价的态度、能力与手段。我们在收集、梳理、辨别这些资料时，必须辩证地、客观地看待这些事实，才能讲得明白，才能揭示真相。唯有如此，我们对历史的了解才会更加深刻。能够区分出历史叙述中的史实与说明，认识到对同一历史事件可以有不同的说明，还能够对多种历史说明展开评估和判断；能够客观地评价历史事件、人物和现象；在评价学生的历史解释素质时，要注意掌握阐释态度，也就是阐释必须遵循科学、真实、合理的三个基本原则。要坚持实事求是，一分为二，以公平、公正的心态和方式，把历史表象与历史实质的关系，把历史的过去与现在的现实联系起来。

（五）以家国情怀素养为评价导向

“家国情怀”是一种对历史进行研究时应该具备的一种社会责任感和人文追求。对于历史的学习，应该抱着一种价值的关心，一种人文主义的精神，一种对现实问题的关心，一种对国家富强，民族自强，人类社会发展的关心。通过对“中国”与“国家”“民族”的历史性认识，培养对“国家”的认同；认识到中华民族“多元合一”的发展趋势，增强中国人的认同感，建立民族自信心和自豪感；在认识和尊重世界各国和各民族的文化传统的基础上，树立了正确的世界观、人生观和价值观。在对“家国情怀”进行评估时，应注重对“家国情怀”“三维目标”中的“情、态、值”进行综合分析，明确“以史为鉴”的实质，加强对“教书育人”基本任务的评估导向。

综上所述，“三维目标”是高中历史教学目标的宏观要求，“历史核心素养”则是“分析和理解”对特定历史事实的直接“武器”，二者相互补充、相互关联、密不可分。虽然人们对历史学科核心素养的内容与内涵还没有完全达成一致，但是，在高中的第一线，一些学校的历史教师们已在进行着积极的探索与实践。修改并改进原有的中学历史评估体系，构建出一套以历史学科核心素养为核心的中学历史教育评估体系，其评估标准对未来的中学历史教育具有重要意义。

第三章

核心素养下高中历史教学创新设计

第一节　基于核心素养的高中历史导学案的设计

一、高中历史导学案运用存在问题的原因

（一）学校的引导与支持力度不足

1. 引导教师解读课标的力度不够

在实际工作中，我们可以看到，许多年轻的教师都不知道历史学科核心素养到底是什么，也有一些教师虽然知道一些，但是还不够深刻，有些教师连历史学科核心素养的五个主要因素都说不清楚，但是《普通高中历史课程标准》已经对历史学科核心素养做出了清晰的解释。从这一点可以看出，在历史教学的一线教师中，普遍存在着对不重视课程标准甚至忽视课程标准等问题。

在新课程改革的背景下，《新课程标准》成为新课程改革的重要参考。这样一份重要的文件之所以会被忽略，除了教师本身对工作的敬业度不高以外，还表现在学校层面存在工作漏洞，也就是学校对教师教学工作的重视程度不高，学校管理与教师教学实践之间存在着脱节的现象，以至于学校的有关处室（如教师发展中心、教务处等）没有能够及时发现问题。学校对课程标准的理解还不够透彻，在学校的层次上，忽略了各个学科的课程标准所起到的理论指导作用，所以，也就没有及时地采取措施，促使教师对课程标准进行深入的学习和解读。归根结底，

造成这种情况的一个主要原因就是学校对教师的指导力度不足。

2. 促进教师专业发展的力度不足

在谈到教师的专业素养相关的问题时，许多教师都表示，当前在这一领域，在学校层次上仍有提升的空间。教师的专业发展是一位教师不断发展和进步的必要条件，因此，学校对其的关注程度也在不断提高，许多学校都设立了推动教师专业发展的部门。从目前的情况来看，教师的专业发展在学校中已经得到了越来越多的关注，但是，各个学校的教师发展中心在履行其职责的具体实践中，仍然存在着一些缺陷。例如，伴随着教育科技的发展，教育信息化与传统课堂的融合越来越引起人们的注意，因此，学校的教师发展中心应该对这一改变给予足够的关注，并持续地组织青年教师培训、新入职教师培训等，培训的内容主要集中在当前的教育信息化发展现状、如何融入这一现状、微课和翻转课堂的设计和运用上，通过经常地开展这样的培训，让学校的一线教师，特别是青年教师，能够及时地了解和掌握教育信息化的最新信息和技术，但是教师发展中心在提高教师的专业理论和专业素质方面的关注还不够，因此在培训方面的力度还不够。

教育技术是一种帮助教学的工具，教学专业理论是引导教师开展更符合教学规律、符合学生身心发展规律、提高学生综合素质、培养合格的社会公民的必要因素，教学专业理论让教学更具有思想性。在基础教育中，第一线的教师经常会将更多的时间投入自己的日常工作中，而忽略了对教学专业理论的研究，从而制约了自己的职业能力的提升，这种不足之处，必须要通过学校和教师的合作来加以改善。

3. 专项经费欠缺，影响教师的积极性

由于缺乏专门的资金支持，导致教师运用导学案受到了很大的限制。在时代发展的今天，教师已经不是人们所认为的那种“无私奉献”和“完美无缺”，而变成了有血有肉的“凡夫俗子”。

在教学实践中，教师要在教学中投入较多的时间和精力。在编写导学案的过程中，可以通过研读课程标准，分析学生的学情、阅读文献、搜集文字史料，在网上大量地查找合适的地图或者自制地图，根据学生的水平，精心设计适合学生合作探究的问题等，在网上可以搜索到的资料通常是要收费的。这就意味着，编写一份讲义，不仅要耗费教师的精力，还要耗费教师的财力。导学案的应用分为课前应用、课堂应用和课后应用三个阶段，每个阶段的应用都应由教师进行监督，并加以实施。而这一切，仅凭教师们的课时是无法做到的，而且教师们每天还有更多的工作要做。对于教师们来说，市场上有很多现成的资料，比起教材，更能节省时间和精力。如果没有学校提供的资金作为激励与支持，很难有教师能够坚持下来，这就造成了教师运用导学案的积极性不高，他们更愿意使用市面上的现成资料，然而，与教师自己结合学生学情编制的导学案相比，现成的资料往往缺乏针对性，无法想象学生学习的效果。

（二）教师的综合素养有所欠缺

1. 部分一线历史教师自身专业素养的缺失

许多教师都曾指出，导学案的应用主体是学生，然而，导学案肩负着培养学科核心素养的重任，在此过程中，教师起着不容忽视的指导作用，而教师自身的专业素养是指导学生合理有效应用导学案的关键和前提。如果没有自己的职业素养，就无法对学生进行学科核心素养的培养。

在我国长期的发展过程中，教师的就业门槛一直较低，这是一个客观现实。这并不是一个特殊的问题，它只是一个普遍的问题，因此，一些年轻的一线历史教师的专业素质并不高，而且他们的教学经验也很少，他们所能做的就是把基本的历史知识教给学生。培养学生的科学核心素养对于他们来说，就显得有些困难了，因为他们的专业素质还不够高，所以，他们很难在掌握基本知识的情况下，对学生的历史学科核心素养进行培养。因此，要想有效地解决这一问题，就必须要加强对青年教师的教育管理。

2. 对传统教学方式有路径依赖

对于如何在历史学科中培养核心素养的问题，众多教师都有一个共识，那就是教师在课堂上说得太多，给学生的时间太少。对于这种现象，教师们的观点各不相同。一些教师认为，由于历史课程长期被视为“副科”“背诵即会”，所以并没有受到太多的关注，因此，在学校中，历史课程的课时很少，教师们要想在有限的课时内完成课程，就必须尽量利用好自己的课堂，而不敢留给学生太多的时间，怕他们无法完成，因此，学生们往往是被动地听课。也有一些教师觉得自己讲课比较靠谱，对学生的学习能力不信任，这样就忽视了学生的主体性，就更谈不上培养学科核心素养了。

自新课程改革开始，各种有关教学模式的探索不断涌现，然而就历史常态课堂而言，依然是以教师讲授、学生听讲的传统教学模式为主导，授课方式经常是满堂灌，这种教学方式的结果通常是学生可以获得扎实的基础知识，而对学科核心素养的提高却十分有限。所以，要想让学生的历史学科核心素养得到更好的提高，就必须要让教师们转变以讲授课为主要内容的传统的历史课堂教学模式，要让一线教师们摆脱对传统教学方式的路径依赖。

要想解决上述目前在历史学科核心素养培养方面所面临的问题，就需要将历史导学案应用于教育中，让年长的教师共同编写出一份导学案，并将其融入导学案的设计之中，这样就可以将历史学科核心素养的培育过程中所面临的困难进行化解。

3. 部分老教师呈现职业倦怠趋势

虽然每个教师都有自己独特的表达方式，或婉转，或直接，但经过归纳和总结，他们所表达的都是一个职业倦怠问题。基础教育由于课程的重复性，造成了教师的工作枯竭。特别是那些有20多年教龄的老资格教师，因为常年地工作，已经渐渐失去了工作的激情。没有干劲，也就是不肯变革，心存懈怠。另一个因素是年长的教师很难兼顾工作与家庭。新进岗位的年轻教师往往没有什么家庭负担，可以将更多的时间投入到工作中去，而年长教师们往往要兼顾工作与家庭。当一个人年纪越大，就越要注意自己或家人的身体健康，这样，家庭必然会在工作上分心。在学科核心素养的基础上，想要使用历史导学案，必须要将学生的主体作用发挥到最大限度，将他们的学习兴趣完全激发起来，这就对历史教师提出了更高的要求，让他们在准备课程的过程中，能够将他们的学情完全掌握，这样才能够有针对性地进行导学案的设计，让他们能够积极地利用导学案来帮助自己的学习。在此基础上，要对新课标、新教材进行深入研究，充分发掘教科书中的知识内涵，并对怎样进行学科核心素养的培养进行思考。除此之外，在导学案中的习题编制环节，更是会消耗教师的精力，具体内容有：从海量的试题库中进行筛选的题目，以及为学生提供自编题的资料。因为学生所做的自编题是具有个性化的，所以在教师的检查环节会显得有些麻烦。此外，在使用导学案的过程中，也需要教师的精心设计与引导，具体内容有：课前运用、课中运用、课后运用。如果把所有的因素加在一起，就会让教师们耗费很长的时间和精力。许多年长教师，特别是在他们获得了高级职称之后，就已经没有了工作的热情，他们的精力也是有限的。因此，如何有效地利用导学案进行教学，是学校年长教师面临的一大难题。

二、基于学科核心素养的高中历史导学案运用策略

通过实践的效果可以发现，学生对导学案的学习态度是积极的，学习效果是非常明显的。所以，持续使用导学案展开教学，并在这个过程中对学科核心素养进行渗透，这是一个符合教学规律，可以实现良好教学效果的可行方案。当前，在使用导学案过程中，还出现了几个问题，本节尝试将这些问题与作者对现有研究的思考相结合，为持续使用以学科核心素养为基础的高中历史导学案提出几点切实可行的意见。

（一）学校方面

站在学校的立场上，教育部已经发布了各个学科的核心素养，因此，利用导学案对学科核心素养进行渗透，必须要在学校的统一指导下，并结合各个学科的特点进行具体的实施。学校可以在以下几方面进行统筹设计。

1. 促进教师专业发展，提升学科核心素养

导学案的运用需要基于学科核心素养，这既适应学生的成长需求，也符合高中课程标准的要求。从2014年开始，历史学科核心素养研发组就分别提出了4个、5个、6个、8个核心素养，最后将5个核心素养确定下来，它们分别是：史料实证、时空观念、历史解释、唯物史观、家国情怀。在这一系列的研制中，学科核心素养一直都是教育领域中的一个热门话题，历史教育工作者也付出了很大的努力，并踊跃地参加了相关的探讨。但也有一些不足之处，主要体现在，参加研讨的大部分都是学校中的学者，这些学者拥有非常丰富的科学的理论，他们所得出的结果，都是为基础教育中的第一线的历史教师提供的。然而，大部分的历史教师都把注意力集中在了教学实践上，没有充分认识到学科核心素养，这就导致了理论结果与实际情况相脱节的窘境。在这样的情况下，在学校的层次上，可以采取各种方法，让一线教师的职业素质得到提升，从而让他们的学科核心素养得到了提升。比如，可以邀请相关的专家来校举办讲座，也可以外出参加相关培训，还可以鼓励教师们关注相关的科研成果等，从而真正地让他们在理论上得到更好的提升，同时还可以指导他们将学科核心素养用导学案的形式融入自己的日常教育中去。

2. 组建教师教研团队，合作开发导学案

导学案的设计与应用，不是一名教师可以单独进行的，而是要建立一个对各学科导学案进行开发的教师教研团队。在历史课程中，可以在历史教研组长的领导下，对各个班级的历史教师进行指导，在这个过程中，年长的教师与年轻的教师之间可以形成一个优势互补的关系。年长的教师在历史学科知识的背景、古今中外的联系、考试考点等方面有着非常丰富的经历，他们的专业素质比较高，并且对学科核心素养有比较深入的了解，因此他们可以给予年轻的教师更多的引导和协助。年轻的教师刚刚参加工作，他们有活力、有激情、有精力，他们可以多协助年长的教师，这样不仅可以在这个过程中锻炼自己，也可以让他们更好地将历史学科的教学工作做好，编写出来的历史导学案也会更加合理、科学，与历史学科核心素养相匹配。这一教学方式的实施有赖于学校的整体计划和引导。

3. 提供专项经费支持，鼓励教师积极参与

用导学案辅助教学，是一种变革，这不是一蹴而就的，需要学校、教师不断摸索，需要更多的精力和时间，也需要更多的资源。就拿历史课程来说吧，在传统的教育方式下，教师们仅仅是要准备好一份教案，然后再利用一份导学案来展开教育，而要想准备好一份导学案，就必须要让所有的历史教师都参加进来，这样才能充分地了解到他们的学习情况，从而制订出一份与他们的学习情况相一致的历史导学案。要想更好地对学生的历史学科的核心素养进行培育，就必须在导学案中使用很多的史料。然而，对史料的收集和整理工作不仅烦琐，而且还必须有资金的支撑，网络上的各类资源库都是要收费的，因此，要想编写出一份历史的导学案，就必须要从学校的角度来考虑。另外，在教学过程中，教师所要付出的努力更多，其付出的努力与导学案的质量以及导学案的应用效果有着密切的联系，因此，在这一点上，学校也应当给予教师一定的资金扶持，从而激发教师的积极性。

（二）教师方面

在导学案的编写和使用中，各个专业的教师都是起着至关重要的作用。为此，我们应充分认识到教师在其中所起的重要作用，并以此为己任。就历史学科教师而言，可以从以下三个方面做出努力：

1. 转变教育教学观念，落实教学任务

在很长一段时间里，高中的历史课程都被看作一门记忆类的学科。在长时间的课堂学习过程中，我们不需要去分析那些有趣的历史现象，也不需要去深入了解那些复杂的历史人物。因此，我们用单一的、现成的结论来代替对历史的探索的过程。我们片面地强调对历史基础知识的理解，并将其熟记于心，这样就可以应付考试了，这也是我们在高中历史教学中一直存在的一个缺陷。随着新一轮课改的深入，这一现状得到了很大的改善，但是仍然存在着许多问题，使许多学生对历史失去了兴趣。最近几年，由于高考历史更加重视对历史学科核心素养的考查，因此，通过死记硬背的方式，在考试中很难获得很好的成绩。因此，中学历史变得越来越难学，这一点已经成为一种共识，至少是在文科老师之间达成的。这样的情况，对历史学科教师提出了更高的要求，即必须要改变传统的历史教学理念，从培养历史学科核心素养的角度来设计导学案，来辅助高中历史的教学。

2. 内化学科核心素养，适应课程改革

在基础教育范围内，一线的历史教师们都在忙着进行自己的教学和实践，却很少注意到历史学科的核心素养，他们缺少了理论上的支持，他们自己对学科核心素养的理解也很低，这给新一轮的课程改革带来了很大的挑战。所以，教师要有自觉提升专业能力的积极性，要积极参与学校组织的各种培训，并在网络上阅读历史教学类的科研著作和论文等，不断提高自己的理论高度。21世纪必须要持续、终身地学习。随着课程改革的不断深入，对一线教师的要求也越来越高，这就要求一线教师要不断地提高自己的专业理论素养，并把自己的专业理论运用到教学中去。在理解了历史学科核心素养的内涵之后，教师就可以思考怎样将其融入教育之中，从而提升学生的学科核心素养。

3. 建立新型师生关系，提升教学效果

在中学历史教学中，以学科核心素养为基础进行教学设计，其中，

“应用”是关键，其设计要服务于“应用”。在传统的课堂教学中，主要是以教师的授课为主要内容，而学生只是被动地聆听，这种教学模式下，师生关系紧张、缺乏交流，教学效果也会大打折扣。在运用导学案进行教学的时候，教师要主动与学生建立一种新的师生关系，比如尊师爱生、民主平等、教学相长、心理相容等，这样才能让学生更多地与教师进行沟通，激发课堂的学习氛围，提高学习的积极性，让学生更乐于主动地进行学习，并积极地参加导学案的讨论、合作探究等，并对导学案中的问题提出自己的看法，比如“一国两制”的含义等，可以让学生自己讨论，自己解决。只有这样，才能使课堂具有生成性，使导学案的使用达到最好的效果。

第二节 基于核心素养的高中历史课堂立意及教学设计

一、基于核心素养的教学设计原则与架构方略

（一）基于核心素养的教学设计原则

1. 坚持学科素养整体性原则

首先，在此背景下，提出了一种新的教学设计方法。从系统论的角度来看，一是要把教育看成一个有许多因素构成的系统，二是运用“系统”的思想去处理“问题”。教学设计系统是由一定的相互关联的子系统构成的，包含着一系列的复杂的内容，一是对教学目标和教学对象的分析，二是对有关的教学内容的整合，三是根据不同的情况，选择适当的教学方法，最终回归到教学评价等方面。两者既有相对的独立性，也有互相依存、互相制约的关系。只有保证该体系的整体性，才能让每一个环节的优势都得到最大限度的利用，才能实现所期望的教育效果和课程目标。

其次，从理论上分析了历史核心素养的内涵。在整体教育目标的指引下，历史教育具有其他学科所不能替代的作用。从历史的角度来看，“五大素养”又是一个有机的整体，是学生在学习历史的过程中必须具备的品质与能力。五大核心素养并不是一个孤立的、零散的整体，而是一个包含于历史学习中的方方面面的内容。在课程标准的表述上，始终

强调历史唯物主义是实现各项素质的理论保障，显示出其不可动摇的地位与作用；在所有的素养中，时间和空间概念都是对学科实质的反映，它反映了对加强学生的历史知识基础的要求；史料实证是达到综合素质的必经之路，它反映了一个人在历史学科中的学法训练；在所有的素质中，历史解释是一项重要的历史思考和表现能力，它反映了历史思考能力的形成；家国情怀在所有素养中都是以家国情怀为价值追求的对象，它反映了家国情怀在历史学科中的地位和功能。

由此看来，五大素养构成了一个完整的历史知识体系，包括了理论依据、学科实质、方法途径和价值追求。在实际的课堂上，教师们要充分理解历史学科核心素养的含义及其具体表现，认识到它的五个层面是一个联系紧密的整体，保证教学目的的完整性，不能把五大核心素养给人以主观上的分割，最大限度地发挥出学科核心素养的总体要求。

2. 坚持学生发展主体性原则

新一轮课改的一项重大成果是树立了“以学生为中心”的教育理念，将学生的发展置于空前的高度，并在此理念的指导下，产生了新的教育模式。情境教学、合作探究教学等方式，越来越为广大一线教师所关注，也越来越多地应用于教学中，使学生成了教学的主体。在课程设置中，要以此为导向，扩大课程设置的可操作性，保证课程设置中的理论与实践相结合。在讲授过程中，应注重讲授内容之间的逻辑性和讲授过程之间的衔接性；在另外一个层面上，要充分体现出学生的认识特点等，更要在教学设计的观念上进行创新，要把学生的学习与发展看作教育的根本价值取向。本课程旨在培养学生的积极性与创造力。在选择和运用教育方式，在教材的集成和教育资源的使用上，都要围绕着学生的教育行为，把它当作一个完整的教育行为的主要部分来进行教育的设计，以达到教育的目的。

3. 坚持教学过程开放性原则

伴随着课程改革的深入，教育观念的逐渐改变，教育方式的改变，当前的课堂教学日益趋向于对学生进行探索式的研究，在教师营造的环境中，学生是一种自我学习的行为。在此过程中，学生既可掌握所学的基本理论，又可掌握所学的基本原理，从而使其掌握所学的基本原理和基本技能。然而，开放教室并不意味着一切都要对学生们公开，让学生们自由地讨论。教师要寻找一种合适的方法，既要保证探索的效果，又要充分调动学生的学习兴趣。

4. 坚持历史学科特殊性原则

历史是一种很难下定义的东西。此外，历史是不能重演的。我们能做的，就是尽可能的客观，尽可能地接近它，但却不能重复它。由于时代和时代之间存在着巨大的差距，导致了学生对问题的理解存在着一定的偏差，因此，历史教师需要利用声音、图像和遗址等手段来加强学生的体验。在新的历史条件下，如何保留其自身的特点，是我们所关心的问题。

从五个方面来看，唯物史观是我们学习的理论依据，是我们学习的终极目标；时间和空间概念是历史的基本要素，是认识历史的前提；史学研究中，以史学为基础；历史解释是对学生历史观进行测试的重要依据；家国情怀是历史教育作用发挥的一个重要标志。“五大素养”涵盖了历史教育的各个方面，是历史教育有别于其他任何一门学科的重要标志。所以，如何在教学设计中体现出历史学科的特色，就成为一个重要的问题。

在建立历史学科核心素养体系的过程中，最大的变化就是对原来专题史的结构进行了改变，普通高中历史课程采用了通史和专题史两种形式。在必修课中，以通史的形式进行编排，使学生了解中外历史的发展脉络。这门课的内容分为三大部分：中国近代史，中国现代史和世界史。通过通史的学习，能够有效地保留历史学科的特征，呈现出一条完整的历史时间主线，有助于学生更好地了解人类历史发展的基本脉络，在一定程度上也能够解决学生知识碎片化的问题。这门课分为三个主要的内容，即国家制度、社会经济生活和文化。各个模块都有不同的研究课题，从政治、经济与社会生活以及文化等多个方面来呈现，让学生从专题的角度来对历史问题进行深入的研究。在新课标下，“史学入门”和“史料研读”两节课的教学中，注重对史学基础理论、基本知识和基本技能的讲解，以及对史学研究的指导。选项课程可以拓宽学生对历史的视野，增加他们对历史的认识。因此，在进行教学设计时，教师既要注重历史知识的脉络和蛛丝马迹，又要基于具体的课题内容，进行课题设计，以丰富知识的呈现。

（二）基于核心素养的教学设计架构方略

要想达到最好的教学效果，教师必须对教学设计的每一个步骤进行全面的掌握，对教学设计的总体框架进行完善，其中包含了如何制定教学目标、如何整合教学内容和如何优化教学过程。如何在新课程改革的背景下，既能反映出历史学科的特色，又能符合学科核心素养的要求，更好地实现立德树人的根本任务，这是一件很有难度的事情，它与未来改革的成效有关。在此部分中，笔者从三个方面对“以核心素养为导向”的课堂教学设计进行了思考。

1. 教学目标紧扣核心素养

教师要想提高学生的学习效率，课堂教学以确定教学目标为出发点，以实现教学目标为诉求，以达到教学目标为目的。在“核心素养”理念的引导下，历史课程中的“目标”设定的好坏，将会对课堂教学产生深远的影响。

（1）确保教学目标的整体性。

新课程改革以来，在教学目标设计中取得成功的一个关键原因，就是其构建了知识与能力、过程与方法、情感态度与价值观的三维目标体系，从而打破了重视知识传授与知识理解的传统教案。核心素养指引下的教学目标设计要融合三维目标下的教学设计的优异结果，突出以学生发展为本的教学理念，注重学生对基础知识的掌握，注重学生的能力的提升，注重他们的情感体验。此外，教学目标的整体性还表现为教学目标要与教育总目标相统一，在进行教学设计时要有一种整体观和大局观，学科核心素养目标要与核心素养目标相统一，以反映出我国教育的整体要求。在对学生进行核心素养培养时，要以解决问题能力培养为重点，防止五大核心素养被人为地割裂开来。

（2）确保教学目标的层级性。

在三维目标指引下，学生对知识的掌握程度可分为三个层次，即“记忆”“理解”和“应用”。新课标制定时，对这五项素养进行了详细的分类。因此，在进行教学目标的设计时，要根据教学内容和学生对知识的掌握情况，并与学科核心素养水平的划分，确定教学目标，确保教学目标的层级性，根据知识难易程度和学生的学习基础，制定层次清晰的教学目标。

（3）确保教学目标的阶段性。

在制定教学目标时，要坚持阶段性，要突出各阶段的特征，同时要保持各阶段之间的衔接，这样才能达到整体的目的。学生整体素养的提升应是一个逐步推进的过程。在新的课标中，确立了一系列完善的学科核心素养的等级分类和学习水平的质量标准，并明确了各个阶段的学生应该所掌握的知识等级。这就要求我们在制订新的教学计划时，要注意每个阶段的发展情况。

（4）确保教学目标的可操作性。

教学目标的实现是多种因素共同作用的结果，而如何选择正确的教学方法，则是保证教学目标实现的关键。因此，在制定教育目标时，要针对特定的教育内容，选用适当的教育方式，并加以实践，使教育目标具有一定的可操作性。另外，在课堂上，教师所运用的媒体，也是导致课堂教学目标难以实现的主要因素。例如，在进行时空观念素养的培养时，只能通过阅读地图来获取一些基本的知识，而借助多媒体的教学手段，能够让学生对这些知识有更深刻的理解，进而建立起一个完整的空间和时间的概念，进而引起学生的学习兴趣。因此，在这一过程中，我们应该对如何达到这一目的进行研究，并加以实施。

2. 教学内容渗透核心素养

（1）梳理知识，明确历史横纵联系。

没有知识的积累，就无法形成学科核心素养。对于学生来说，对知识的理解，就像是人类身体里的细胞一样，是学科核心素养的基本层次，我们把它叫作对知识的理解。只有在了解了它们之后，我们才能进行转换与创造，进而达到对它们的正确理解。从历史学科本身来说，由于其涉及的时期较长，政治、经济和文化等方面的内容较多，使其在教学中不易掌握。同时，在教材的编写上，目前采用的部编版教材，虽然给了教师更大的灵活性，但也有知识体系欠缺、不利于学生理解的问题。因此，教师要对学生进行知识的整理，让他们拥有一个完整的知识体系，扫除他们在学习上的阻碍，让他们能够更好地理解历史问题，进而建立起自己的认知和学科思维。

（2）精简知识，突出教学重难点。

一份优秀的课堂教学设计，不应该将每个知识点都讲得很透彻，而应该将重点知识点都讲清楚。受到教材的限制，受到学生理解问题的能力和知识本身的难易程度的限制，教师要对知识内容进行精简，选择适合学生发展的知识，将其作为一节课的中心问题，并将其具体呈现，以凸显教学中的重难点。

（3）拓展知识，激发学生学习兴趣。

“注重学生的学习兴趣和体验”“提倡学生主动参与、乐于探索、勤于实践”“培养学生积极主动的学习态度”等课程目标受到人们的普遍关注。《普通高中历史课程标准》明确提出：“历史课程应从多角度、多类型、多层次的角度进行课程设计，以突出其基本特征。”历史学科由必修课、选择性必修课和选修课三种类型组成，这给了教师更多的自由。在教学设计中，教师要以学生的实际情况为依据，扩大所学的知识，选择适合他们发展的内容，以提高他们的学习兴趣。

3. 教学过程落实核心素养

（1）强化史料教学是培养学科核心素养的资源。

史料教学是指在历史教学中，学生在教师的指导下，通过主动获取、辨析和运用史料，对历史进行客观的分析、阐释和论证，形成正确的历史意识与历史思维，培养出历史素养和探究精神的一种教学方式。在历史教学过程中，文献资料具有重要的地位，文献资料的好坏对教学效果有很大影响。在教育过程中，历史资料的使用无疑具有重要意义，但其功能与传统意义上的“历史资料”有着天壤之别。“以人为本”是思想政治工作的重要组成部分。首先，从多个视角选取素材，并在素材的解析中引导学生掌握素材的知识和辨别能力。其次，在课堂上应增设史料的呈现方式，增强史料学习的积极性。

（2）创设历史情境是培养学科核心素养的途径。

历史是一件已经发生的事情，学生要了解和认识历史，需要了解、感受、体会历史真实情况和当时人的实际问题，这样才能理解历史和解释历史。情境教学是指在课堂上，设置特定的情景，激发学生对知识的兴趣，使知识与情绪相统一的一种教学方式。情境的创设，就是要尽量让学生有一种身临其境的感觉，让他们成为事件的参与者或见证人。在这一部分中，我们可以看到，创设情境可以最大限度地激发学生的学习积极性，从而提高课堂教学的效率，提高学生的知识量。

（3）注重问题引领是培养学科核心素养的关键。

问题引领，是在“以学生发展为本”的新课程理念的指导下，充分发挥教师的主体作用，将学习置于问题之中，让学生在独立的过程中感知问题，发现问题，探究问题，并解决问题，促进学生认知、技能和情感的全面发展。历史学科的核心素养的培育，不仅是对历史的记忆，更是对历史的理解和解读。因此，在教学过程中，教师要用问题作为指导，用问题的方法来指导学生的思维与问题的解决。在问题的设置上，应确保问题的难度符合学生的学习情况和专业的核心素养的要求。

（4）保证合作探究是培养学科核心素养的根本。

基于核心素养的教学设计，不仅要考虑到教学内容的逻辑、教学过程的环节、学生的认知特征等，更要在教学观念上要以学生的学习与发展为本真，以学生的学习活动为本质，以学生的探究活动为重心，在开展探索式教学的时候，要明确学生探索式教学的可操作性，并对其进行探索式的引导，以此来提升其实践操作能力。在合作式研究中，教师要规范研究的具体研究流程，使每个研究小组的成员能够得到合理的分工，使他们能够参与研究，提高研究的有效性，同时，也能够使他们有责任心，有集体荣誉感。探究式学习是促进学生学业成就的一种有效途径。

（三）教学立意的分类、作用和途径

1. 教学立意的分类

在一堂课中，按照所选择的核心维度，可以分为知识立意、能力立意和价值观立意，其中着重对价值观立意进行了研究。

（1）知识立意。知识立意，即以知识维度为中心来确立教学立意，选取一个可以贯穿整节课的知识核心，以其为主线，整合教材，将各知识点串联。以“知识”为中心确立教学思路，可以拓宽学生的眼界，提高其对历史的思考能力，构建一个内容完备、逻辑严密的知识库。

（2）能力立意。能力立意围绕着对学生历史学习能力的培养，确立教学立意，即整门课程都围绕着某一具体的思想方法进行，最终目标是使学生形成某种审视和解决历史问题的思维模式。以能力维度为核心，来决定教学立意的方法，源于“授之以鱼，不如授之以渔”的教育理念，它有利于转变学生的学习方式，提高学生在历史学习中的探究能力，让学生主动学习、学会学习。

（3）价值观立意。价值观立意，即围绕情感态度与价值观的维度来确立教学立意，即围绕引起学生的情感改变，将他们的世界观、人生观、价值观作为一个核心，而其他的一切都是围绕着这个核心而展开的。一堂课程的全部内容，无论是对知识进行了准备，或者是对认识的方式进行了指导，都要把如何激发学生的情绪作为教学的核心，因此，我们可以说，这一堂课程的核心就是如何把情绪目标的达成作为教学的核心。价值导向的最终导向，是能够对人们的情感、态度和价值观产生持续而积极的影响。

知识立意是基础，能力立意是发展，价值观立意是追求。当前，教育立意还没有成为一个单独的理念，单纯的知识立意，只能局限于一个知识的教育层面，显然是不恰当的，而是要加强能力立意，从能力立意过渡到价值观立意。

2. 教学立意的作用

（1）统领全篇。“文章以意为主，意犹帅也。”教学立意是整堂课的中心，是整堂课的主线，它对整堂课起着总览全局的作用。首先，在设计课程时，要紧紧围绕着课程的主题，深入挖掘各知识点间的内在关联，使整个课程变成一个完整的体系，而非一盘散沙。其次，每一节课都以“主题”为中心进行设计，各节课的内容相互联系，形成了一个完整的教学流程，而不是杂乱无章的教学流程。

（2）指导选材。若把课程结构比作课程的骨架，教材则是课程的血肉。在确立了“立意”后，要以“立意”为中心来选取合适的历史素材。因为受到课时、课标和学生的认知能力水平等多种原因的限制，教师不可能将与教学立意相关的全部内容都展现出来，所以，教师应该按照客观性、真实性和多样性的原则，选取一些具有针对性的扩展材料，并在不影响扩展材料原意和整体性的前提下，将这些材料进行综合，利用能够充分地说明问题的典型材料，来提高学生“论从史出”的历史思维，同时还可以提高他们利用历史材料发现问题、分析问题和解决问题的能力。

（3）决定教法。在具体应用中，要结合自己的实际情况，把握好自己的教学思路。讲授法、探究法、谈话法、比较法、演示法、观察法、多媒体辅助法等多种教学方式，应在明确的教学思路基础上，选取适当的方式加以整合。根据确立的思路，所选用的方式也就不尽相同。例如，以社会实际为基础来确立的教学思路，与实际情况有着紧密的关系，此时就要运用探索法、观察法以及多媒体的帮助，来探索历史与实际之间的关系。

（4）拓展升华。教学理念贯穿于整个教学过程中，具有丰富的层次性。在这个体系中，一方面，学生可以从多个不同的视角，对按照教学立意所创建的历史情境进行解读，用更深入的思考来对一节课的教学立意进行认识，把握到了某个历史时期的关键，这对扩大学生的历史视角产生了很大的影响。另一方面，我们注重的是教学立意，这并不只是一堂课中的知识立意、能力立意，还更注重在情感态度与价值观方面的立意。经过这一堂课，学生们对于这堂课的理解，已不仅仅是单纯的知识层面，更是上升到了自己的情绪和价值观层面，有了自己独特的看法。

3. 确立教学立意的途径

价值观立意的方式是非常关键的，每个方式都遵循着立意思维、立意设计、立意渗透和立意反思四个步骤进行。立意思维指的是以某个路径为基础，来决定出一种教学立意的思维方式，立意设计指的就是要将好的教学立意进行好的规划，立意渗透指的就是在已有的教学立意的基础上，对整节课程进行规划，而立意反思指的就是在完成了立意之后，进行的一系列的反思。

（1）单元专题立意。

将本单元的主题内容进行拆分，并根据课程标准及学生的学习特征，来掌握本课程的主题内容。

以单元主题为基础来决定课时的教学立意，是一种比较传统也很常用的方式。也就是说，在进行教学设计的时候，要对这一节课的内容做一个总体的判断，找到这一节课与前后课文、整个单元、整个模块甚至整个教材之间的联系，明确这一节课的教学中心，进而掌握这一节课的教学立意。运用该教学法的重点在于既要抓住新课标中的“单元主题”，又要抓住教材中的单元导言。

（2）标题立意。

标题立意指通过对文章题目的理解，来决定文章的选题思路。标题，也就是指著作和其篇章的题目。课文题目是在新课改的指导下，按照新课改对课文的具体要求，精心设计的一套或多套关键字。总的来说，历史文本标题既科学、新颖、简洁，又符合学生认知规律，而且具有明显的历史性，反映出了课文的主旨，具有一定的代表性。这样，教师就可以根据课文的主题来指导自己的教学。

（四）围绕教学立意组织教学需要注意的问题

1. 前后贯通

实施教学立意有效性取决于整个教育流程的连贯性。在教学过程中，若没有以“立意”为中心进行设计，将导致“立意”与“思想”之间的衔接不紧密，教学内容零散。因此，在教学的进程中，教师的设计理念贯穿于整个课程之中。“贯穿”指的是历史与事实之间的关系和教育逻辑之间的关系。要想实现这一过程的衔接，就需要以学生的认识规律为基础，以设置好的教学目标为中心，对课本中的内容展开必要的整合，并对知识点之间的内部联系进行提取，之后再以某种逻辑的方式对其进行排列，从而设置出一个又一个的教学环节。

2. 循序渐进

在课堂上，以“以学生为中心”的思路来安排各课程的各个环节，具有层层递进的特点。“递进式”主要体现在两个层面上：一是各学科间的递进式。例如，在“罗马法的起源与发展”课程中，第一部分是第二部分的基本，如果没有对本课程的知识架构进行全面的认识，并进行独立的探索，那么第二部分中的文献探索，所设定的一系列问题也就丧失了依据。同理，如果没有了前一部分的总体认识，那么后一部分的领悟与应用，反省、内化与升华也将毫无意义。二是在联结中逐步递进。比如，在“罗马法的起源与发展”这门课程的第二部分，教师会先提出一些有关的问题，然后通过对教材的理解来解答这些问题，再让学生们对这些问题做出相应的解答，最后教师会将这些解答加以整理、精练，从而得到相应的解答。这一进程是一步一步进行的。确定了教学的渐进性，这就要求我们科学合理地设计教学流程，既要符合学生原有的学习水平和认识特点，又要围绕着教学逐步深入，以引导学生实现其目标。

3. 适时小结

在实践中，一个阶段结束后及时总结，既能起到“画龙点睛”的作用，又能很好地向下一阶段过渡。例如，在《古代希腊的民主》一文中，各节间都有一个总结，例如，在第二节的结尾部分，就是对古代希腊民主制度确立的历程做一个总结，再顺理成章地进入第三节。此外，每一节课都会有一个总结，例如，在“罗马法的起源与发展”的第二节课结束后，对罗马法发展史做了一个及时的总结：罗马法的发展分为三个时期，罗马民族发展过程中的各种冲突是罗马法发展的动力；伴随着罗马社会的发展，其领土的扩张，罗马法的发展也逐步趋于完善。在一个环节之间的小结要注意适当和及时，并不是在每一个环节完成之后都要做一次小结，在与教学立意相符合的地方可以做一次小结，如果做得太多，就会导致教学进程的拖沓。

4. 及时反思

教师要想获得教学水平持续的提高，就必须进行持续的反思。在现实的教学过程中，有许多值得反思和可以改善的问题，如果我们对这些问题置之不理，只是每天反复地进行，我们的教学就会停滞不前，也就无法实现传道、授业、解惑的目标。所以，在上一节课程结束后，要及时地进行自我反省，反省整体，反省学生的学习效果，反省总结过渡的有效性，反省如何应对生成学习，反省问题设计的作用等。在自我反思中，不断完善自我，不断提高自身素质，不断提高教育工作水平。

二、高中历史教学立意确立的有效途径

（一）紧扣课标，深入挖掘主题

各科目均有相应的课程标准，是指导教师开展具体的教学活动的指导依据。课程标准包括学科的课程性质、课程目标、内容目标、实施建议四个部分，这四个部分是国家制定的在某一学段中共同的、统一的基本要求和标准，体现了它对课程教育的重视程度。它是一种任何人都能满足并能经历的“标准”。《历史课程标准》对“学段”的设置只做了一个“基础”的设定，却没有对“基础”的实现方式做出明确的说明，这既为教科书编写人员留下了发挥作用的余地，也为教师创造了更多的可能。因此，历史教师可以依据自身对史实的把握与认识，对教科书进行综合与发展，并进行创新的教学。而实施创新教育的先决条件就是要使课堂具有一个灵魂。因为课程标准中对于一些历史事件，政治制度等都有相应的中心思想，所以，教师们可以从课程标准中提炼出自己的教学思路。

1. 课标要求中隐藏着相关提示

以“西方人文精神的起源及其发展”专题为例，它包含了三节课程的主要内容。从这三节课的教材（节选）中，“领悟人文精神的意义”“理解人文精神的意义”“总结文艺复兴及宗教变革时代的人本意义”等内容，“人文精神”是一条主线，为教师们提供了很好的启示。所以，在确定自己的教学目标时，可以从“人文”的视角出发，把重点放在对学生的情感态度和价值观的培育上。又比如，在《两极世界的形成》这一课程中，课标的内容是：“要知道冷战期间的一些典型事件，要知道冷战的基本特点，要知道冷战的发生、发展与世界格局的改变之间的互动关系。”“相互影响”这个术语应该能够激发教师们的灵感，让他们了解“冷战”这个历史事实并不足够，因为两个大国之间的对立关系已经危及了整个世界的和平与稳定，教师们应该通过对国际形势的

剖析来了解当前的发展方向，这就是教师们要做的工作。

2. 课标要求中含有对核心概念的表述

以“辛亥革命”为例，提取教学立意可以按照如下步骤。

第一，将“课标”中的名词、名词短语以及动词（以横线及波浪线标示）标注出来，以利于以“教学目的”为中心的分析。本课的课标要求是简述辛亥革命的主要过程，并对其建立“中华民国”的重要意义做了简要介绍。

第二，对需要持续了解的更广泛的观念进行验证。“辛亥革命”是现代中国的一个特殊的历史事件，按照“课标”的规定，这里所指的“它是现代社会的一个主要组成部分”这一更宽泛的观念。针对这一点，我们还可以进一步细分研究对象问题：“在中国现代民主革命进程中，历史进程如何，这一目标现实吗？现在，我们的目的达到了吗？”

第三，对特定的史学进行验证。在课程标准中，虽然没有对历史概念和历史人物做出详细的解释，但是对于作为教师教学的核心内容的知识点，却仅仅用了笼统的语言来表述。文章指出，与辛亥革命有关的主要人物有：孙中山、黄兴、袁世凯；其中，“预备宪法”“君主专制”“《中华民国临时约法》”和“责任内阁”是其中的重要内容。

第四，肯定了特定的运用历史思考的技能。《新课程标准》将课程目标划分为三个层面，识记层次分别是“了解”“知道”“列举”，理解层次分别是“理解”“阐明”“归纳”，运用层次分别为“分析”“评价”“探讨”等。“简述”的目的是为了提高学生们的时间性思考，让学生们自己构造一个关于辛亥革命的历史叙事（缘由、过程和结果），“认识”这个词语没有一个清晰的行动目的，所以学生们必须经过处理，学会了这门课程的内容之后，才能对这门课程的历史含义做出正确的判断，并养成他们对这门课程的理解。

第五，对学生的情绪态度和价值进行了验证。辛亥革命是中国现代民主革命的一个重大事件，它所包含的“民主”的价值观念值得我们在学习过程中去感受和体味。

通过上面的五个步骤，教师可以将“辛亥革命”的立意设定为“辛亥革命在中国近代民主进程中的跨时代意义”。

（二）创设情境，重视课堂生成

过去性是历史的最大特征，历史情境是无法重现的。新课程改革后，在课堂上常常使用到深入历史这一方法，目的是为了激起学生的历史意识，引导他们站在自己的立场上，去进行观察，从而认识到在特定的情况下，历史事件的真正原因和历史人物的思想情绪的变化。在教师和学生的关系中，“情境”起着重要的作用。如果出现教材的内容比较艰深，学生理解起来也比较困难的情形，那么教师就应该改变自己的教育方法，用创设的情境来展开教育，用所感受到的历史资料来帮助学生构建出一个完整的历史表象，在经历了一段时间之后，学生与历史之间的关系就会更加紧密，从而启发学生的思考，从而取得事半功倍的效果。

（三）把握细节，拓展处理教材

历史细节是历史中最基础的要素，它与历史中的人物、事件、现象紧密相关，是历史中最重要的构成要素。历史发展是从“点滴”的量的改变中形成的，这种改变是零散的，无规律的，但当这些“点点”积累到一起，就会在某种程度上对历史的整体过程造成影响。正因为一切的历史事件和我们对其的记忆都是由特定的事物组成的，所以要还原和重现，必须从最根本的事物组成单位，即特定的事物出发。历史教材涵盖的领域非常广泛，而且在时间上也存在着很大的跨度，这从一定程度上减弱了历史知识的连贯性，这就要求教师要着眼于宏观，着眼于微观，通过对一些具体的历史细节来突出自己的授课思路。

（四）关注前沿，注重教学反思

伴随着时代的进步，新的历史研究成果不断涌现。由于历史教科书从编写、审核、出版到采纳，是一个漫长的进程，所以，教科书中的观念与史事之间的滞后是不可避免的。新的历史资料和新的观念的发现和应用，给我们的教育思想带来了新的机遇。为此，在课程设置上，应适时吸收新的史学成就，修正原来的偏差，使之与史学与时代发展相适应。

在教学立意的运用上，美国心理学家波斯纳曾给出了“体验+思考=职业成长”的经典方程式。在教学设计和确立教学立意过程中，教师总是对学生的行为进行预先设定，这就成了一种“纸上谈兵”。对教师而言，反思是教师学习的主要动因，一成不变的教学内容是不能满足学生个体化发展的，因此，教师们必须要有自己的经验和领悟，用自己的实际行动来进行反思和调整，并持续地更新自己的教育观念和行为，及时地对自己的教学立意进行调整，只有在这种情况下，教师和学生之间的关系，才能达到双方的共同进步。

三、基于核心素养的政治史教学设计

（一）政治史模块的知识特点

政治制度不同于一般的历史。后者涵盖了一切内政外交军事方面的事情，着重的是时间、地方、人，以及进程，比如：秦始皇统一六国，亚历山大大帝的东方征服，第二次世界大战的起因，等等，都属于历史。前者以系统为核心，是属于专史的范畴；无论哪个国家，都一定会有一套独特的制度体系，它是一套内部复杂而统一的制度体系。因此，其政体学是一门独树一帜的学科，其难度远大于历史事实。新课改以来，中学政治历史模块与经济史和文化史模块有着明显的不同。

1. 内容较为抽象，与学生实际生活联系不大

新中学政治史这个模块涉及的历史比较久远，许多关于政治体制的内容都与现在的学生的实际情况相脱节，许多高中生认为这是成年人的事，与他们无关，更谈不上什么政治体制。与经济知识相比，这类知识与人民的日常生活有着非常紧密的关系，因此便于教师与现实的结合，更便于教师在教室中进行教学，也不如科学和文化的知识具有很强的吸

引力，更能激起学生的学习兴趣和探索的愿望。此外，当我们研究政治史时，不可避免地要接触到许多政治学上的观念，和许多冷门的政治名词，这些都与那些还没有踏入社会，经历不多的高中生产生了隔阂。

2. 知识具有较强的脉络性

在新一轮的课程改革中，政治、经济、文化三个部分被分开进行了很大的变化。这样一是可以避免初中和高中所学内容的重复性；二是让学生们在每个单元里都能学到更多、更全面、更系统的东西。在中国古代商周及秦以后的政治体制变化中，我们可以看到，这一系列的历史进程中，中央与地方关系的演化呈现出一种强烈的“脉络”与“连续性”。又比如，秦始皇统一了中国，建立了中国历史上的第一个绝对君主制国家，之后的两千多年里，这个国家一直在不断地加强，直到明清时期，国家达到了鼎盛时期。

3. 中外政治内容交叉编排，便于学生进行比较学习

在新一轮的课程改革中，中国与西方历史内容的交叉安排，是政治史课程设置的另一个特色。比如，在学习了中国古代的政体以后，紧接着就是希腊和罗马的政体。这样的安排有利于学生对人类社会历史从古到今发展的整体进程有一个清晰的认识，使学生能够在更广阔的视野中对人类自身和人类社会进行认识。此外，还能使学生们深入了解一个国家的政治体制都是基于其自然地理环境、社会发展和文化传统的，从而使他们拥有一种整体的历史观和国际视野，对世界各个国家的优良文化和价值观进行认知和尊敬。

4. 知识较以往得到集约和精简

新课程改革后，高中历史课程中出现了大量的删减，尤其是在政治史这一部分，对大多数的背景知识和政治事件的前因后果进行了简化。例如在第二次世界大战中，基本上删除了欧战部分，只留下中国抗日战争部分，这样虽然把要点都强调出来，却也使得政治史的专题部分，变得枯燥无味，丧失了历史本身的丰富色彩。这种做法的另外一种结果就是，没有对一种体制诞生的历史背景做出明确而充分的说明。当学生们了解一种制度时，常常只会了解它的背景，而不会了解它的存在意义。对政治体制的研究，不能只停留在体制上，而是要把所有与这一体制有关的历史事实都考虑进去。这其中有两个理由：一是一种制度必须是根据那个时代的现实政治而建立并实施的，如果只对这个制度进行研究，而不能将它贯穿于那个时代的特定事件，那么就无法看到这项制度对那个时代的真正影响。二是任何一种体制都是从产生到结束的，在这个过程中，它会发生变化。教科书上对某种制度的描述，通常只会列举出该制度标准的一个段落，实际上，每一项制度都在不断地变化着，如果不与当时的历史背景相结合，很容易就会忽视每一种制度的变化，而误以为每一种制度都是僵化、一成不变的。

在这样的条件下，教师就必须在教学中加强对历史背景知识的传授。但如果教师把太多的时间和精力放在这些非重点的课程上，就会影响到课堂的正常进行。因此，教师应运用各种方法，使学生能更好地理解和掌握这些知识。

5. 政治史教学具有强烈的意识形态和思想性

历史教学与其他学科的教学相比，其最大的特征就是它具有很强的意识形态，并且具有很强的政治色彩。在一个思想多元化，不同的社会思潮相互冲击的今天，历史课堂，这个具有强烈的社会性和人文性的地方，必然会受到这种潮流的冲击。然而，其中也存在着错误的、负面的、片面的意识形态，有的甚至与我们的社会主义价值观念相抵触。除此之外，现在的中学生好奇心很重，思维也很活跃，丰富的互联网资源和视听媒体为他们打开了一扇通往外界的窗户。但是，从年龄角度来看，他们的判断能力并不强，还没有养成辩证看待事物的能力，所以很容易被某些新颖的历史观点左右，甚至会盲目地相信，这明显是一种不良的现象。这就给历史教学带来了新的挑战。首先，教师自己要调整自己的心态，坚定自己的立场，在讲授过程中，要注意掌握主流思想与异见之间的关系，在坚持多元的思想，活跃的课堂气氛下，以灵活的方式来表达自己的民族意志。其次，在日常生活中，教师要从历史中汲取更多的营养，在重要的历史事件中，要有自己的见解。只有这样，教师才能在面对学生们的提问和争议时，有足够的信心，有足够的指导。

在具体实施中，教师应遵循“科学”的原则，正确处理好“学”和“教”的关系。很多历史问题，学界至今还存在着争议，众说纷纭，甚至有些曾经似乎已经确定的命题，现在也面临着新的挑战。所以，当教师们面临着学术界的激烈辩论，以及各种各样的新奇观点的时候，一定要保持着一颗冷静的心，采取一种稳妥的教学方法。一方面，教师要承认历史学界认可的看法，不能过于冲动，在课堂上将还没有被学术界人士认可的理论或观点教授给学生，一旦发生了问题，就会造成学生们的思维紊乱，对他们的认知产生偏差。与此同时，身为一位历史教师，也不能过于保守，要随时注意学术的发展方向和发展趋势，如果有什么新的重大进展，或是得到了学术界的肯定，那么就要在自己的授课中及时地加以补充和讲解。

另外，在历史教学中，教师也应重视思想教育。我们要明白，摆在学生面前的历史总是被挑选出来的，它被挑选出来的根据就是它是否具有重大的影响和教育意义，教育意义应当得到重视。然而，一些历史教师却没有做到这一点。作为一位历史教师，要时刻考虑到自己所教授的东西对学生有看得见和看不见的影响，所以要谨慎行事。

此外，历史教学中也应注意到，历史并非完全客观，而是受到时代、阶级、群体、个人经验等因素的影响。所以，千万不要因为自己的喜好，就轻易地给历史事件和人物下定论，也不要因为某个学者的看法不符合自己的喜好，就在教室里彻底地否定，甚至痛斥，要知道，任何一个人都逃不过历史的局限性。如果教师没有意识到这个问题，只是根据自己的主观好恶来进行对与错的判断，那么就会扰乱学生的世界观、价值观，更不会形成一个辩证看待问题的角度，这明显不符合我们期望的历史教学目标。

总之，新高中政治史课程的内容不仅具有新的特征，而且还存在着一些新的问题，这无疑给历史教师们带来了新的挑战。对新课标、新课本的学习，是做好新中学历史教育的根本；如何准确掌握新课改的内容，努力达到新课改的目的，就成为中学历史教师的责任所在。

（二）语言在历史教学中的重要性

语言是人与人之间最直接、最有效的沟通手段，它是人与人之间建立起一座沟通的桥梁。教师是一位专业的、对学生进行知识传授和智力开发的人，其最重要的教学手段之一就是语言。针对目前不同地区中学硬件条件差异较大，师资队伍建设不可能一蹴而就的现状，提出了一条简单、切实可行的途径，那就是加强语言训练，提高语言素养。究其原因，主要有四个方面：第一，要想成为一名合格的历史教师，必须具备良好的语言功底，才能准确、生动地传授知识，表达思想，而相比于其他方式，提高语言能力更容易被教师接受，不容易受到学校硬件条件的限制，更多地依赖于历史教师自己的主观能动性，因此，在平时的教学过程中，应该有意识地加强这方面的积累和训练。第二，“工于心计”，对于历史教师来说，语言是最直观的教育手段，因此，把它磨得更尖也很有必要。第三，新课程改革对政治史的内容进行了精练，去掉了大多数的历史背景和历史事件，这在一定程度上提高了学生学习历史知识的难度，但是也让历史教师获得了更多的自主。由于这门课的内容相对来说较为紧张，因此，在保证课表的基础上，历史教师可以在授课的同时，结合班级的实际状况，在授课中加入一定的内容。然而，教学中所要传达的信息是否准确，更多地依赖于教师的语言是否具有感染力。因此，如何在历史课堂上找到历史课堂的突破口，成为许多历史教师的首选。

第四，讲述法与讲解法都是以教师的口头讲授为主的一种教学方式，是教师在课堂中传递知识的最主要的方式，也是教师运用语言进行表达的基本方式，更是教师教学基本功的一种重要表现。

（三）讲述法和讲解法运用中的要点

在教学过程中，我们可以将其分为两种：一种是让学生对所学的知识、技巧有初步的认识；另外一种方式是为了更好地理解、发展和深化知识。讲故事和解释故事，无疑是前者。讲授法是指通过语言的方式，以生动、形象的方式讲述历史，有助于学生理解历史的进程与内容，而讲解法指的是一种对历史概念和历史规律展开分析和论证的方法，通常情况下，它主要被用在历史上的政治制度、法令条约等比较抽象、枯燥的内容上。讲解法和讲授法是历史教师教学的主要手段，语言的运用在讲授法和讲解法中得到了充分体现。尽管近几年（特别是新课程改革以来）的传统教学模式受到了很多批评，但是，知识的必要性与重要性并不能被简单地否定。本文认为，这一现象的产生有三个原因：①历史知识的传授是历史教学的根本；②对历史知识的掌握，对学习历史起着决定性作用；③学习历史知识是培养学生历史思维的必要条件。讲授式与解释式相结合，可以有效地进行历史教学。因此，就讲授法和讲解法在政治史模块教学中的运用，笔者提出以下要点：

1. 语言要适当幽默和联系学生实际

有人曾对两所中学近800名学生进行问卷调查，在被问及“您最喜欢的一种教学方式”时，2.2%的人选择了“照本宣科”、5.8%的人选择了“慷慨激昂”、4.7%的人选择了“娓娓动听”、11%的人选择了“细密严谨”、22.7%的人选择了“循循善诱”、39.9%选择了“幽默诙谐”。通过对这一现象的分析，我们可以看出在历史教学中，学生们最喜爱的是哪一种语言。

政治制度的内容相对来说较为抽象和沉闷，所以单纯的讲解很难让人产生浓厚的兴趣，也很难让人听得入迷。一方面，这种做法会造成课堂氛围压抑、低落，既会影响到学生的课堂学习，又会造成教师讲课时的心情起伏，进而降低教学质量。弗洛伊德相信，通过一种被社会认可的方式，幽默可以把压抑了的思想表现出来。尽管这些话语是为了表达自己的意思，但对于听者来说，却是无价之宝。首先，恰当的幽默感能活跃课堂氛围，引起学生们的兴趣，也能让相对沉闷的政治历史课变得生动有趣。其次，幽默的教师在人际交往中也有很大的作用，能让教师和学生更好地交流，让学生不再是仰着头看着老师，而是面对着教师，这对于提高课堂的活跃度很有帮助。

在某些情况下，还可以运用一些幽默的、贴近学生生活的语言，让学生了解一些抽象的历史概念，让学生感受到历史就在自己的身旁，对历史不再感到陌生，这在某种意义上可以弥补古代政治史的内容与学生实际生活的时间的距离所带来的隔膜和疏离。

2. 讲述内容尽量以实例代替单纯的理论解释

根据奥苏贝尔的“有意义学习”的观点，有意义的学习指的是一种新的，用符号表达出来的新的认识，它与已有的认识框架中的适当的观念，不是人为的，而是一种实体的联系，即新的认识与原有的认识体系中的有关观念有一种合理的或逻辑的联系。也就是说，新的学习内容与学生已有的知识基础和社会经历联系得愈紧密，就愈能让他们更好地理解，也就愈能在他们的脑海中留下更深的印象。反之，若只是简单地用一些生硬的、含糊不清的专业名词去向学生们讲解，学生们便会死记硬背，到后来，即使是教师讲解得天旋地转，学生们也无法抓住重点。

一个有丰富实践的历史教师，在讲授过程中，往往能用最生动的方式，把一些事实或观念讲得很清楚。要弄清一个史学观念的本质，我们可以用事例来具体说明它的性质。事例论证最适用于对理论性较强、较为抽象的历史概念的解释，其整体架构是：先得出一个结论，再用一个具体的事例，使理论生动地呈现在学生面前。

3. 适当补充新奇、有趣的相关内容

现在的青年，思维比较灵活，不仅在读书，也在上网，在课外阅读中，在这些方面，他们都有机会了解到很多东西。如果教师只是一味地照本宣科，就无法激起学生对历史的兴趣，也无法满足他们对丰富的历史知识的需求，也无法促进他们的历史思维能力的发展。因此，历史教师要继续充实自己的知识储备，并适时地在课上加入与学生喜爱的与课程内容相关的史书和故事，往往会收到意想不到的效果。

4. 在讲解过程中适当地提出有思考性的问题

在教学的时候，适当提出“为什么”“会怎样”之类的问题，也就是在教学的时候，可以将对话的元素融入教学中，既可以锻炼学生的历史思维，又可以加深他们对政体的了解。之所以要探究“因”，是因为政治体制的确立与具体的“因”分不开，比如当时的经济发展状况，阶级间的力量对比等。然而，历史与历史之间的因果联系，却是历史研究中不可或缺的一环，一旦脱离了这一环，历史研究便无从谈起。历史是一门学问，总是有其前因后果。因果间具有严格的逻辑关系，所以一种发展历史思维的方式就是执果索因，即在已知结果之后，对一种原因进行探讨，并尝试从诸多原因中寻找最重要的原因。在进行此项工作时，教师使用思考、分析和推理，而学生也会逐步地掌握这些正确的认知方法。

5. 站在历史新高度，发掘历史规律

历史学科的一个主要特点就是知识的范围很广，尤其是政治史，它所牵扯到的事情很多，人很多，时间很长，而且各种政治制度之间的联系也很复杂。在学习的过程中，学生很容易出现一种如坠云霄之感，所建立起来的知识网络也会被打乱，进而不利于新学习资料与脑海中已有知识的连接。历史是一种有规则的学问，因此，我们必须把握历史发展的一般规律。想要把握历史的规律，就必须超越那些微不足道的历史知识，以全新的视角来看待。就如同《全球通史》一书所揭示的一些历史规则一样，对这门课程进行挖掘，可以提高课程自身的教学价值。

（四）讲授法和讲解法运用过程中应注意的问题

笔者着重强调的是在运用讲授法以及讲解法的过程中，使用一些诙谐的语言，提出一些新的、大胆的想法，可以起到出其不意的作用，但关键是要掌握好一个“度”。如果不能掌握好“度”，那么，教师在课上随意地发挥，就可能成为一种不严谨的玩笑，使得历史课程丧失了原本的严肃性与逻辑性，从而对学生产生消极的影响。中等教育有自己的特点。高中教师和教授成人教师不一样，他们要面对的是未成年学生，因此，教师的一言一行都要对未成年学生负责。所谓“教师的职责”，就是指在教学过程中，教师要用自己的亲身经历，让学生们明白智慧的力量、理性的珍贵，让他们明白宽容比自由更重要的道理，让他们明白澄清历史、明白真相的重要性。其次，教师的话语不能自私，不能有煽动性，不能一边倒，而是要表达一种对更好生活的可能性和远景。在未成年面前，把情绪过于激动地表现出来，在客观上会给学生带来一种不完整的、不美好的思维方式，会导致另外一种极端，进而影响到他们的思维。在教室里，我们也期望有一种对生命的向往，它并不是一种观念压制着另外一种观念，它有许多观念供学生自由地选择。

总之，历史教师的作用更多的是一个知识的传授者，而非一个知识的创造者，他不能把自己的看法和知识的传播相提并论，要把各种不同的看法都展现给学生。此外，我们还应该教会学生怎样以客观的态度来看待问题，不要只知道被动地接受。比如评定一个历史人物，必须要客观至上，你可以把以前史学界对某个历史人物的种种评论都讲一遍，再讲一遍最近的史学家的看法，还可以讲一讲外国的史学家的看法，到底哪个对哪个错，让学生自己去想，而不是把以前所有的看法都否定，把自己所有的看法都赞同，最后把它强行塞到学生身上。

（五）建构主义的教学观

作为认知结构学习理论的最新发展，建构主义强调了学生自身的巨大潜力，主张基于已有的知识经验与结构进行教学，并引导其在已有的知识中“生长”，从而形成新的知识。建构主义思想是一种重视学生主动性、社会性和情境化的教育方法，它在教学中的应用具有重要意义。

由于事物的含义并不能完全脱离我们，它的含义取决于我们对它的认识和解读，所以，每一个人都有他自己对事物的一些侧面的解读，特别是在历史这一人文社会学科中。历史是人类的历史，人类是一种具有丰富的感情和社会关系的生物，因此在对人类的历史进行评估时，往往会出现多种倾向。因此，仅了解一种史学视角还不行，必须亲自去验证。

一位优秀的历史教师，不能忽视了学生的兴趣爱好、个性特征、认识能力以及原来的知识体系。忽略最基本的要素，就无法取得理想的教学效果。在课堂上，将教师的预设和学习者的目的条件有机地联系起来，可以使课堂上的课堂教学事半功倍。

简单来说，就是教师是教学的引导者，并将监督学习和探索的责任从教师为主转移到学生为主，从而使学生实现独立学习。历史文献教学法与建构主义教育思想相吻合。

（六）史料教学及其应注意的问题

史料教学是在历史教学中，教师指导学生对相关的史料进行处理，使学生能够独立地从资料中获取历史信息，并进行历史探讨的一种教学方式。史料教学以学生为学习对象，以史料为媒介，培养他们的批判性思维和历史意识，以培养他们的创造力和综合运用能力为目的的一种历史教学方式。在进行了多次的实验后，我们认为，通过史料教学，能够使学生感觉到现实，增强他们对历史研究方法的习得与综合应用的能力，进而增强他们的品德素养，建立起一个良好的价值观念，能够实现新课改的理念。

在政治历史课程中，利用史料来教授政治历史，主要包括史料的选取，历史教师的参与，避免史料的低俗化。其主要内容体现在以下三个方面：

1. 史料的选择问题

在史料教学中，对史料的选取必须谨慎，因为它是史学重建的基础，对史学教学的实践效果有很大的影响。在实际运用中，要注意如果有可能，尽可能地选取第一手的历史资料，不要带着自己的个人喜好；历史资料要具有典型意义，不要过于冗长，使学生难以理解；在选取资料时，应根据学生自身的实际情况进行综合考虑。历史材料是进行历史教育的基础，它的选择对教育效果有很大的影响。在教育过程中，可以使用的历史资料种类繁多，因此，在教育过程中，要注意选择具有代表性和说服力的历史资料。

2. 历史教师的参与度问题

应用史料教学的目的是培养学生的思考能力和自主探究的能力，让学生根据教师所给的史料或自己所收集的材料，归纳总结，寻求解决方案。但是，这并不意味着教师在这一过程中会处于一种无所事事的状态，对此置之不理。政治史的教学要把民族的意志表现出来，就需要把主流的价值观念和观点灌输到课堂中去。如果在历史教学中，教师若仅仅扮演着“组织者”和“引导者”的角色，则很难保证政治历史教学的有效性。就像每一个读者都有一个哈姆雷特一样，即便是在同一个历史事实面前，学生们也会得到不同的结果，有些结果难免是错误的和极端的。这个时候，历史教师就应该挺身而出，把真相讲清楚。本文作者认为，“历史研究”并不等于“教师地位的下降”，恰恰相反，它更需要提高教师参与的能力，鼓励、承认、肯定主体意识和观念；对那些有悖于基本原则、有悖于历史事物本来面目的论断，应加以剖析，并指出其谬误之处。

3. 史料教学的庸俗化问题

同时，在运用史料的教学中，也要防止历史文献的教学沦为单纯培养学生解决历史文献问题的“工具”。高考在一定程度上仍是现代教育的一根“指挥棒”，因此，无论师生，在思维方式上，都不可避免地受到了“应试教育”的影响。再加上，史料题在高考中也属于典型的题目，这就很容易让历史教师抱着一种实用主义的态度，将史料研习法运用起来，形成了新瓶装旧酒的模式，进而削弱了史料教学立意深远的价值。这是一个值得所有历史教育工作者警惕的问题。

（七）对当前史料教学的改进意见

与欧美国家的史学教育相比，我们的历史教育也在不断地进行着，比如在高考中，素材题就是最常见的一种，而这种素材题的解题方法就是分析素材。而这一关，考验的是他们的思考能力，而不是死记硬背。与此同时，在新一轮的高中历史课程中，教育部也提出了“利用史料”的要求。笔者认为，我国高校教师队伍建设应从三个方面进行完善：

第一，培养学生对“史实”的认识。在历史教学过程中，把史料当作证据来研究历史，就是要培养学生用事实说话、论从史出的证据意识。

第二，要自觉地对学生进行历史学习方法的教育，英国的历史教学实践证明，学生在认史和研史方面，尤其是在史学方面，已达到了历史学家所应具备的水平。这一点已被证实是可行的，也是必需的。

第三，利用历史资料来训练他们的批判思考能力。在历史教学中，利用史料不仅能够用来说明史实，更能够让学生在利用史料和证据进行探究的同时，发展出一种批判的思维能力。例如，一位历史教师在解释一种观点时，可以列出很多可以证明这一观点的材料，让学生运用自己的知识和研究方法，去独立地分析原始资料，并对不同的观点进行批判性的研究。在探索历史问题的过程中，利用证据材料，敢于求证，建构自己对历史的理解和认识，这是一种很好的方法，可以提高学生的批判性思维能力。

（八）史料教学的理论分析及其意义

在历史教学中，教学的重要意义不仅在于教学内容的选择，更在于教学方法的选择。长期以来，部分历史教师仅仅关注了具体的历史知识，没有把历史认识的方法培养起来，即没有把论从史出、史论结合的基本原理，这一方面对历史教学向更高水平的发展产生负面影响，另一方面也会导致学生过度依赖记忆现成的结论，不利于他们归纳、概括、分析等方面能力的提高。如果任由这种趋势发展下去，那么，我们的历史教学将逐渐变成一种机械的教学方式，从而使我们的史学功能和我们的历史教学功能大为减弱。基于这一观点，文章给出了一个新的知识库。与此同时，对史学的学习，不仅仅是对史学的追忆与重述，还需要对史学有自己的认识。把史料教学运用到历史课堂中，可以更好地反映出建构主义的学习理念，可以有效地提高学生对历史的学习兴趣，帮助他们建立起正确的历史意识和历史概念。

近几年来，在国际和国内的历史教育工作者中，都十分重视运用史料进行历史教育。所谓“史料”，就是在研究和探讨历史的时候，能够作为依据的事物。文献资料通常分为一手文献和二手文献。“史实”是指在史实发生的同时，从史实中获得的、能够直接用作史实依据的史料，而后者，则是由后世之人根据所掌握的历史资料，对其进行的考证和解读，尽管其中掺杂了一些作者个人的见解，但仍具有一定的价值。历史教育的重要性，一般可从七个方面加以阐述。

1. 培养学生从有限的材料中提取信息的能力

毫无疑问，中学历史教学的教育对象是中学生，而他们在将来所从事的职业并不只是历史教师或历史研究，要将他们培养成符合时代要求和社会发展要求的各种合格的人才。在进行历史教学时，我们不应该局限于特定的学科，而应该做到通俗化。对中学生进行多种实践能力的培养，是历史教学的重要目的之一。第一点便是培养学生从所提供的资料中提取信息的能力。在史料教学中，首先要做的就是从大量的史料中，对可供研究的内容进行归纳和总结的能力。在这一过程中，有阅读能力、概括归纳能力和透过表面直指本质的能力。人们普遍认为，掌握这类技能对于将来的工作有很大的帮助。

2. 增强对所学内容的认同感

在历史教学中，特别是在政治史教学中，存在着一个很大的问题，那就是学生对所学的东西缺乏认同感。举例来说，如果把中国的政治体制与希腊、罗马的政治体制作一对比，就会产生一种错觉，那就是中国自古以来就是专制独裁传统，而西方世界则是民主政体。这样的对比，自然而然地会让人产生对中国近代政治体制的质疑与抵触。造成这一现象的主要原因在于，以往单一的“灌输”教育仅仅关注了“是什么”，却忽视了对“为什么”问题的探究。随着时间的推移，学生会对总是被动地接受结论产生抵触感和厌恶感，这会对他们的情感态度与价值观目标的实现产生影响。要想改变这种情况，就必须在课堂上扩展对历史原因的探究，让学生明白，任何事物的发生都是有其特殊的历史原因，而不是突然冒出来的。在此基础上，运用“史学”的方法，让学生深刻认识到现代中国政治体制的历史必然性，增强了他们对国家的认同。

3. 符合当代中学生的心理状况

无论采取何种形式，都要与学习者的具体情况相联系，尤其是其心理状况。学生的自我意识、自主意识不断增强，对他人的依赖程度不断增强。这种心理特征在历史教学中体现出来，就是学生不太相信权威，不太愿意接受他人的结论，更多地追求自己的历史见解。特别是在当今社会，各种媒体和信息都非常发达，人们的思想也在不断地发生着碰撞，与过去的中学生相比较，同年龄段的人更多地表现出了自我为中心的倾向。而探索式的“历史”教学正好顺应了初中生的这一心理趋向，从而更能调动学生的积极性。

4. 使学生勇于思考，勤于思考

根据构建主义的观点，学生的学习不再是一种消极的学习，而应该是一种积极的、能动性强的学习。因此，具有启发式思考的本领，才是一名合格的历史教师。与过去对“现成”成果的单纯接收相比，这一教学过程更多的是一种“思索”。这一方面能够很好地避免学生思维的惯性和被动，另一方面也能够调动他们的学习热情，还能够让他们如同历史学家一般，运用自己的逻辑思考能力，以史料为依据，在教师的引导下，逐步地、自主地得出最后的结论。

5. 培养学生的证据意识

历史学是一种人文社会的学科，其所要研究的对象就是那些已经成为历史的人物、事件。我们真的能认出那些已经逝去的人和事吗？这个问题，每个人都有自己的看法。当代人只能从过去的文献中，从过去的痕迹中，去构建曾经发生过的历史事件。所以，历史资料是我们建构历史的依据。但是，前人遗留下来的各种各样的史料，种类繁多，再加上历史学家的人生经历、知识储备、人生观、价值观和意识形态的差异，就会造成史料本身的立场和倾向性的差异。我们在使用史书时，首先要做的，就是甄别其中的真相，剔除其中的瑕疵。尤其是在遇到那些观点或记载与此完全不同的史料时，更应学习使用史学家的探寻方法和理性思维，对史料进行冷静、客观的分析，以最大限度地接近历史事实，从而获得历史真相。只有通过这种方式，才能最大限度地提升学生对证据的认知水平，才能更好地发挥证据的作用。

6. 培养学生的批判性思维能力

就历史学科而言，批判性思维可以概括为：不能一味地按照书上的结果去做，在缺乏充分的历史依据的情况下，要对一些专家的观点抱着质疑和保留的心态，要对一些历史问题拥有自己的观点，尤其要留意前人在做出历史结论的时候，有无错误，并且要为自己找到了一些错误或者提出了一些不同的观点而欣喜不已。毫无疑问，批判性思维对一个国家来说是非常重要的。《全球通史》的作者斯塔夫里阿诺斯曾经在书的前言中表示，“能够让中国的学生接触到我的《全球通史》，我感到非常开心和满足。但我又有些担心，怕中国学生看书时，不能给予他们充分的评价”。这句话一针见血，指出了中国历史教育中最大的弱点之一，就是缺乏对学生进行批判思考的能力培养，导致学生只能循规蹈矩，听天由命，盲目地相信书籍和权威。从长远来看，这对培养学生的历史思维能力是不利的。而“史实”教学则是注重学生自身构建历史，不提倡完全接受教科书中的结论，这与现代素质教育提倡的新观念相吻合。

7. 提高学生的整体历史思维能力

“以学生的思想为核心”是当前高中历史教育中普遍认同的一种教育模式。这是由于在以往的教育中，教师往往以教授知识为主，忽视了对学生能力的培养。所以，有必要从理论和实际两个角度，探讨一条有效的培养和发展高中生历史思维能力的途径，用以指导高中历史教学，贯彻素质教育的理念。通过对“史实”的分析，得出了“史实”这一结论、概念。

评价高中学生历史思维能力的水平，主要是要看他能否运用一定的历史思维方式或思维方法，来解决在学习中遇到的一些历史问题，从而获得有关历史的知识，最后形成一个正确的历史意识。通过史料所创造的学习情境，在无形中培养和发展了学生的历史形象思维能力、历史抽象思维能力和历史创新思维能力。在具体的教育实践中，我们探索出了一种具有某种可操作性的史料应用思维的教学方式，即教师按照教学目标，利用具有代表性的、全面的、准确的史料，创设一个问题情境，并把引导的示范与学生的积极参与相结合，让学生积极地获得、运用、发现、解决问题，在设疑、析疑、解疑、质疑的思维中，发展学生的历史思维能力。

综上所述，史料教学的整体过程能够使学生认识到自己的周围存在着一段历史，周围存在着大量的记载着历史的物品，接下来就是搜集各类史料，并运用这些历史证据来解答问题，即重构过去的工作。而且，通过对历史进行重建，学生可以很自然地获得所需要的背景信息，也可以掌握对证据进行评估、甄别，并将证据与历史语境进行结合的方式。在这种研究中，学生能够认识到过去仅仅是历史学者所拥有的某些重要的观念和看法。

四、基于核心素养的经济史教学设计

（一）核心素养视域下高中经济史教学概述

1. 高中经济史教材解读

（1）教科书结构呈现。

历史教科书，即历史教材。它不仅为教师开展教育活动提供了必要的工具，而且为学生提供了丰富的历史知识。如何使教材发挥最大的作用，对历史教学起着至关重要的作用。为此，教师应正确认识和分析历史教材，充分发挥历史教材的作用。《中国近代经济史》从课文系统与课文辅助系统两部分呈现。

① 课文系统。

课文系统是历史教材最基本的体系，它由基本课文、补充课文、史料课文、探究课文和导论课文组成。课文体系决定着教材的深度与广度，是教材的基础。这一单元的基础教材是现代经济史教学的中心内容，它的作用在于阐述现代中国经济发展的总体情况以及中国资本主义的发展脉络，保持知识的整体性，并坚持简洁、精练的原则。《现代中国的经济结构变迁》一书分三大部分，分别是：自然经济的逐步瓦解、洋务运动的兴起以及中国本土的资本主义的兴起。《中国民族资本主义的曲折发展》一书分三个部分，分别是：民族资本主义的初期发展、短暂的发展以及它的曲折发展。课文以宋体排印，将主辅文字区分开，以简洁明确的方式，让学生们很快就能分清主次，减少课文的负担，并从中理出中国近现代经济发展的脉络与规律。

② 课文辅助系统。

课文辅助系统与课文系统紧密相连，它的主要作用是对教学方法的反映，具体内容有：课文导语、图表、课旁提要、课文思考题、课后习题等，这些都体现出了课本的工具性。文章的导语主要由两个部分组成：第一部分是单元导语，第二部分是课前导语。本单元的引言简要介绍了本单元的基础知识，学生们可以清楚地了解到中国现代资本主义的发展过程和背景，并从中得到一个结论：在半殖民地半封建的中国，工业救国是行不通的。“开场白”是一种简短的引子，它以鸦片战争前后太仓纺织工业的发展为主线，来说明鸦片战争对中国自然经济造成的影响，从而引出这节课的题目。课堂上的总结、课堂上的思考题和课后的习题都是重点，比如“思维之窗”，将张睿的创业过程以文件的形式展现出来，将张睿的创业过程还原得栩栩如生，在补充课文内容的同时，也让学生们对中国民族资本主义发展过程中出现的问题有了更深层次的理解，从而丰富了课本的内容。这样不仅能够让教师迅速地掌握教学的重难点，还能够在指导学生主动学习的过程中，对知识点进行复习，从而提升学生史料实证和历史解释的能力。

（2）教科书学习内容说明。

“近代中国经济结构的变化与资本主义的曲折发展”主要从中国现代经济史的角度，论述了资本主义在现代经济史上的兴起与发展，包括“近代中国经济结构的变化”和“中国民族资本主义的曲折发展”。主要内容包括三个方面：第一，近代中国出现资本主义的历史背景；第二，民国工业史上的一段曲折的发展历史；第三，从中国近代史的角度，论述了资本主义在中国近代史上的地位与功能。

① 中国资本主义产生的背景。

在明代中后期就已经出现了资本主义的雏形，但是，在很长一段时间里，自然经济占主导地位，以及封建统治者“重农抑商”“闭关锁国”等因素的影响下，中国资本主义的雏形在很大程度上被扼杀了。鸦片战争以后，中国的资本主义在西方国家的侵略下，走上了一条不归路。所以，种种因素的结合，使得中国的资本主义幼苗始终未能长成一棵参天大树。

鸦片战争使中国由一个独立的封建国度沦落到了受西方势力控制的半殖民地半封建的国家。中国近代以来，在外来侵略的影响下，自给自足的小农经济受到了严重的冲击，并出现了一系列的社会结构变化。比如，在被迫开放五口为通商口岸以后，西方商品的输入，特别是洋纱、洋布的大量输入，破坏了我国东南沿海地区的家庭手工棉纺织业，导致传统纺与织、织与耕的模式被割裂。在此背景下，当地农户购买外国洋纱织布或者直接买洋布，从而为棉纺机械工业的发展，提供了原材料与产品的市场。资本主义入侵，小农经济崩溃，大批农民、工匠下岗，为现代工业的发展创造了有利条件。应当指出，在这一时期，这一自然经济的解体仅限于东南沿海部分地区，而在内陆大多数乡村，这一封建主义的生产方式基本上保持不变。

另外，西方洋纱和洋布的大量输入，对中国东南沿海地区的传统棉纺织行业造成了严重的冲击，从而阻碍了资本主义的萌芽。当时，外国商人在各商埠兴办修造工坊、砖茶作坊、机器纺丝厂等，以保障商运。而外资公司的建立，一方面对中国的经济产生了影响，另一方面也给中国人民带来了许多先进的机械、制造技术，开阔了人们的视野，从而在某种意义上促进了中国本地的资本家机械产业的形成。不过，中国还没有欧美等西方发达国家那样的初级资本积累，也不能像它们那样，从家庭手工作坊到工厂手作，最后发展成现代机器手工。此外，封建官僚们还利用手中的权力，兴办了一批新型的机械和工业，这一场以洋务运动为开端，为中国现代资本主义的诞生与发展奠定了基础。此后，一些商人、买办和官僚也参与到了实业中，这些实业与“洋务”公司不同，是一种私营资本，是中国民族资本主义的开始。

② 影响中国资本主义发展的因素。

我国近代民族资本主义的发展十分曲折。辛亥革命后，长达两千余年的封建君主专制宣告终结，“中华民国”正式成立。在这一过程中，政府采取了一系列的政策措施，为近代经济的发展创造了有利的条件，并产生了各种各样的企业集团。随着一战的爆发，帝国主义的注意力集中到了战场上，对中国的入侵也出现了短暂的松懈，从而使中国资本主义的发展迎来了它的黄金时期。然而，一战后，帝国主义势力重新崛起，军阀割据，民族资本主义发展受阻。南京国民政府成立后，通过整顿税收，改革货币制度，促进了民族资本主义的发展，但日本对中国的侵略，使得日本的侵略资本，以及国民党的官僚资本，都得到了极大的发展。在抗日战争取得胜利之后，国民党政府官员对日本侵略中国的资金进行了疯狂的吞噬，这一有利条件使其对中国的经济形成了一种显而易见的垄断。在国统区苟延残喘的民族产业，在美货倾销、官僚主义、苛捐杂税、通胀等多重因素的冲击下，步履维艰，岌岌可危。

当时的中国，在帝国主义、封建主义、官僚资本主义的三重统治下，是不可能有一个安定祥和的社会环境的。因此，中国资本主义的发展，最大的障碍，就是受到了帝国主义的侵略，受到了封建主义的压迫，受到了官僚资本主义的压迫。

③资本主义发展对中国近代历史的影响。

在近代中国，曾经有不少人试图以发展资本主义的方式来实现中国的现代化，但是最终都以失败而告终。历史最终告诉我们，要想获得民族的独立要想获得民族的解放以及发展资本主义，就必须把中国在半殖民地半封建社会中的腐败的社会制度彻底打倒。关于发展资本主义，有两个最具代表性的说法。

首先，在清末，由康有为和梁启超发起的“百日维新”运动。甲午中日战争之后，中国资本主义刚刚萌芽，以康有为和梁启超为代表的上层社会阶层人士，提出了“维新”的主张。在政治上，成立议会，制定宪法；在经济上，就是修路，就是开矿，就是奖励农工商；在教育上，创办了新式学堂，成立了译书局，翻译了外国图书；在军事上，加强了军队，扩大了海军。这一主张的本质，就是要发展中国的资本主义。改革派在光绪皇帝的大力支持下，开始了自己的改革，但因为触动了慈禧等封建势力的利益，改革在短短103天内就宣告失败。

其次，在孙中山的带领下，在资本主义不断发展的情况下，发动了辛亥革命。它是在近代社会中，第一次由革命理论、革命纲领和政党主导的资本主义民主革命。“中华民国”是一个具有资本主义特征的国家，它成立后，孙中山在《中华民国临时约法》中提出了许多消除封建主义、鼓励资产阶级工商发展的措施。但是，在封建主义的压迫下，在其政治上受到压迫，又受到了帝国主义的经济封锁，在其成立之前就遭受了严重的破坏，最终被袁世凯夺取了果实。从“近代经济史学”这一章节中，我们认识到，在旧中国，在半殖民地半封建的情况下，我国的资本主义还没有得到很好的发展，而且，中国的资产阶级也有自己的妥协性，比欧美资产阶级革命时代的资产阶级要差得多，所以，在那个时代，中国走上资本主义的道路，是行不通的。因此，领导人民进行民主革命的工作，不是资产阶级能够担负得起的，而这一工作，最后将落在无产阶级身上，落在中国共产党身上。

2. 核心素养下近代经济史教学要求

《普通高中历史课程标准》在课程目标中明确提出：“历史课程应以培养和提升学生的历史学科核心素养为目的，并在此基础上，逐渐形成符合历史学科特点的正确价值观、必备品格与关键能力。”另外，从唯物史观、时空观念、史料实证、历史解释和家国情怀五个方面，阐述了在不同层次上，学生对学科核心素养的学习成果的具体体现。从提出了三个维度的目标，到建立了核心素养，这些都需要任课教师在进行教学时，将重点从知识转移到能力上，同时要与先进的教学理念和方法保持同步，在教学过程中，引导学生从被动接受转变为主动学习。在进行教学时，要注意到历史学科核心素养的五个方面是一个整体，在正式授课的时候，不能人为地将这五个方面分开，必须层层贯彻。

（二）高中经济史教学问题分析

1. 高中经济史常见问题分析

通过文献查阅、课堂观察以及与一线教师的沟通，笔者将核心素养视野中的经济史教育问题从教师、学生和教材三个层面展开研究，具体表现为：

（1）教师素养不够，知识储备匮乏。

从事于第一线工作的历史教师的经济史课程的专业程度较高，并且他们的核心素质系统日趋成熟，他们的理论性和独特性都比较突出，这些都给当前的经济史课程的教学带来了困难。然而，目前我国中学历史课程的核心素养尚未确立，这就给中学历史课程的教师带来了一定的困扰。在授课过程中，教师不仅要具备一些经济学的基础，而且要把这些基础和核心素养相融合，在设置课程内容时，要把五项素养一环扣一环地贯彻下去，这给教师带来了极大的考验。在进行经济史教育时，要先对经济现象进行整理，再透过现象看到问题的实质，最后才能发现经济发展的规律。并且，它涉及的学科非常广泛，不仅仅是历史，还涉及政治学、经济学等。在介绍资本主义的发展历程时，教师首先要了解到社会上的各种经济元素是如何相互关联和互动的，进而要从中提取出一个核心素养应有的内容，单凭教科书和教参是无法完成的，因此要做好充分的准备工作。在查阅有关中国近代经济史和其他有关经济理念和政治发展的相关资料的基础上，通过对相关理论和方法的研究，对其进行全面的梳理，从而确立“核心素养”的教育目的。

（2）经济知识枯燥，学生缺乏兴趣。

在经济史课程中，对一些经济现象所隐含的意义，往往使学生产生认识上的困难。另外，对于经济历史，学生们会有一种非常生疏的感觉，从而造成学生们对经济历史的兴趣下降，从而不能充分体现出他们的核心素养。在教授经济史的时候，对教师的史学功底以及他们的表达能力提出了很大的挑战。假如教师的史学功底不深厚，就很可能会导致教学的结果不理想，让学生产生一种很难学，与自己的认识相去甚远的错觉，进而会影响到学生对经济史的学习兴趣。历史知识与核心素养之间存在着密切的联系，而那些干巴巴的概念和理论，都是阻碍学生进行经济史的一大阻碍，若不能得到及时的解决，学生就会对其感到疲倦，难以对其感兴趣，从而对经济史的学习和实现其核心素养造成了不利的影响。例如，在介绍外资、官僚资本时，由于其与现实的距离太大，往往会令人感到迷惑，并且，这两种资金与中国现代公司的长远发展有关，也会影响到学生对历史唯物论的认识。若不能准确地认识这两个概念，将难以对国家资本的波澜壮阔的发展历程进行剖析与把握，从而增加了在实践中运用阐释性知识的困难。

（3）专题式教科书，教学模块独立。

经济史所包含的内容十分复杂，很难对其进行系统的把握，也很难对其进行全面的分析，国内外的经济发展具有很大的跳跃性，而且种类也很多，再加上地域跨度、数字累积、类别琐碎，这些都使得在中学里的经济史教学变得非常困难。另外，对学生核心素养的实施也有一定的影响。我们现在所用的部编版教科书，都是根据《普通高中历史课程标准》，把高中历史分为三大板块：政治史、经济史、文化史。

尽管《普通高中历史课程标准》已经把“专题”的编排改成了“通史”，但由于新一轮的教材尚未出台，目前大部分地区仍在使用“专题”的编排。所以，在现代经济史教学中，经济史比较单调，教科书比较抽象，把经济、政治、思想文化等方面进行了人为的分割，各个模块之间又相互独立，很难让学生们拥有一个完整的历史视野，这对于提高学生们的唯物史观和时间观念素质是不利的。此外，对于一些经济现象中的前因后果，还存在着一些模糊的概念，从而影响了学生对整个历史的理解和感悟。比如，当我们讲到中国近现代的经济结构变化时，如果牵涉到鸦片战争的政治历史背景，以及“师夷长技”、维新等思想文化历史的内容，就会使我们对时间、空间概念的形成产生很大的影响。

2. 解决经济史教学问题必要性分析

（1）时代发展的要求。

在核心素养视角下，加强经济史教育是一种新的要求，随着时间的推移，这一要求不仅没有随着时间的推移而消失，反而随着信息化的到来而日益凸显。首先，21世纪以来，随着信息化和通信技术的迅猛发展，社会经济运行模式和工作条件发生了巨大变化。从新的经济形态的需求中，我们可以看到，在经济学的知识中，要想真正地达到核心素质，就必须要具备这样的能力。在历史学科中，透过经济史的讲授，可以清楚地了解国家经济发展的过程。在此基础上，结合国际和国内的实际情况，进一步明确了我国目前的经济政策，进而明确了社会主义制度的优势。同时，在未来的研究中，培养学生坚定道路自信、理论自信、制度自信和文化自信的精神，使他们在历史的教育中，为经济和精神文明建设做出自己的贡献。

（2）课程改革的需要。

基础教育课程改革是国家意志与社会主义核心价值观念在基础教育中的直接反映，它承载着教育理念，确定了教育的目的与内容，对立德树人和人才培养具有重要意义。在历史方面，从《全日制普通高级中学历史教学大纲（实验修订版）》中，我们可以看到，这门课程的重点是政治争夺史，而忽略了统一的时期的经济、文化、思想等方面的历史，在对重要历史事件进行讲解时，经济、政治等方面都是从“一条线”上来的。《普通高中历史课程标准（实验）》将经济史从“辅助性”的位置调整为“主干”，与政治史、文化史、思想史并列为“主干”。《普通历史课程标准》明确提出了“历史唯物主义”“时空观”“史料实证”“历史阐释”“家国之情”五个概念，是历史教育的总纲。在经济史课教学中贯彻核心素养，不仅是制定经济史课教学目标的出发点，更是经济史课教学的归宿。

（3）适应高考的趋势。

《普通高等学校招生全国统一考试大纲》提出，要对学生的学科素养、学习潜能进行测试，并强调在科学的历史观念指导下，利用学科的思想和方法进行分析和解决问题的能力。在此背景下，经济史试题不仅限于浅显的知识，而且在试题中更多地体现出核心素养，若学生在学习经济史时缺少与之对应的核心素养，很可能会失分。在这一背景下，我国中学经济史课程改革已进入了一个新的阶段。

（三）核心素养视域下经济史教学对策

1. 课前准备指向核心素养

历史教育要做到精益求精。唯有精雕细琢，才具有独立研究的价值。这就要求我们既要认真地进行历史教育，又要认真地进行前期的准备工作。为进一步完善“核心素养”下的经济史课前预习，可以从两个方面着手：

（1）扩充教师知识储备，加强专业理论学习。

“要给学生一杯水，教师要有一桶水”，这是教育界广泛流行的一句话。也就是说，教师在教导学生的时候，必须要比学生懂得更多，才能称得上是一个合格的教师。在教育实践中，核心素养不仅仅是对学生的要求，更是对教师的要求。如果传授者自己不能认识到核心素养的含义，那么就不能将其传递给学生。在进行核心素质的基础理论的时候，需要学习与之相适应的经济知识。在经济史的教学中，最主要的是对数据和史料进行分析，并对一些历史概念进行解释，教师的知识库足够丰富，在对已有的经济知识进行补充的同时，还可以加入一些有趣的、有代表性的历史案例，从而使经济史的教学变得轻松有趣。这就需要在日常生活中进行广泛的学习，阅读与经济有关的图书和核心素养的期刊文献，不断地更新自己的知识，与时俱进，通过各种途径和方式，充实自己的专业知识，并能及时了解历史领域的最新研究结果，了解学生的知识需要和思维方式。另外，教师也可以从开阔视野、提升业务水平、多探讨、交换教育心得等方面，来补充自身的不足。

（2）结合学生认知情况，合理选择教学方式。

在正式教学前，教师必须弄清楚两个问题，一是教给谁，二是为什么教。接受知识的是高中学生，他们在以前的政治历史课上就已经接触到了经济历史，但对经济历史的理解并不深入。学生不是空着脑袋走进了教室，教师应当在学生原来的认知的基础上，建立新授的知识框架，拉近学生与新知识的差距，这有利于新知识的学习，也有利于核心素养的实施。例如，在研究近代经济体制变迁的过程中，我们可以先看一下相关的资料，看一下中国在同一时期与欧美等发达国家的发展状况有什么区别，然后再结合前面所学内容，对自然经济的瓦解进行剖析，这样，我们就可以培养对历史事实的体验，以及对历史的认识。另外，在对学生进行核心素养教育时，还应根据他们的实际情况，对他们进行因材施教。例如，在讲解民族工业的曲折发展时，同样要进行时空概念的教育，对于基础好的班，可以采取由学生亲自画出时间线的方式，对于基础差的班，可以采取角色扮演的方式，从而通过各种方式来完成在经济史教学中的落实。

2. 教学过程落实核心素养

在中学历史教学中，教师应充分发挥其作用。为使经济历史的课堂更好地融合核心素养，下面将根据核心素养的五个方面对其进行设计，并对经济史的课堂教学提出了几点建议。

（1）明晰经济概念，渗透唯物史观。

唯物史观是一种认识人类客观世界，揭示发展规律的历史观和方法，贯穿于历史教学，所以，我们可以用历史观来理解一些经济现象和概念。比如，在原始时代，由于生产力水平的限制，经济只局限于单纯的物质交换；随着生产力的发展，人们开始使用铁器来生产，自然经济得到了发展，这就是生产力决定了生产关系。这是一个由低层次到高层次发展的过程。中国在鸦片战争以前是小农经济，鸦片战争以后，自然经济逐步瓦解，被资本市场吞噬，出现了资本主义的崛起，出现了一批新的资产阶级，他们不断地进行着革命，从封建君主政体到“中华民国”的成立，充分证明了“经济基础决定上层建筑”这一科学规律。

（2）画历史时间轴，培育时空观念。

将时间线教学应用于历史课堂，可以打破时空的局限，为学生重现历史人物、历史事件，缩短历史与现实的关系，使学生可以以历史为背景去思考、体验当时的社会现状，并以历史人物的精神历程作为主体去感受历史，进而实现对知识的内化和感情的升华。在这样的情境中，他们可以获得更多的知识。在教学中，不仅可以让学生真正地了解历史，而且可以提升他们的整体素质。在历史课堂上，通过历史时间线，营造出一个历史情境，让学生们进行角色扮演，通过模拟历史片段，调动学生们的学习热情，增强学生们的学习兴趣。

（3）理性解读史料，掌握史料实证。

培养学生史料实证的素养，要求在历史课堂教学中，以准确的史料为基础，并经过分析和解释，从中抽取有用的信息，经过对史料的论证，最终得出结论，做到论从史出。譬如，有关中国现代社会的变化，课本上对于洋务运动的批判，虽与时代环境相符，但其中却掺杂着一些私人情绪。在选择史料的时候，可以挑选出一些与历史课程中所授课的历史事件之间存在着较为紧密联系的史料，这对我们能够准确鉴别出史料的价值有很大的作用，与历史事件越是接近的人，所提供的史料的效用就越大。

（4）扩展历史思维，提升历史解释。

阅读历史，这是每个人都必须具备的能力。在中学时期，大多数人都是依靠教科书来了解历史，所以，在这种思想定式下，他们会以为教科书上的东西就是所有的历史，所以，一旦遇到教科书上没有提及的问题或材料，他们就会感到茫然，不知道如何进行分析，所以，要给学生讲解历史。这样的历史诠释能力的培育并非一蹴而就，而是一个漫长的过程，这就要求教师在备课的过程中，挑选出与教学内容相符的具有代表性的史料，并在课堂中向学生进行渗透。在教学中，大多数学生只是单纯地认同教师的教诲，以记忆为主要手段，而忽视了问题本身。所以，在正规的教育中，应该培养学生的思维方式，以思维方式提高他们的理解能力。

（5）利用情感引导，内化家国情怀。

把家国情感理念落实到目前的中学历史教学中，其着眼点在于对大学生进行爱国情感的培养。尤其是在学习现代经济史时，要具备一种在面对危机时，对国家和家庭的责任感，通过反思，汲取历史的经验，做一个符合社会主义核心价值观的社会主义接班人。通过对三个问题的分析，我们应当认识到，近代国民资本与我们的核心素养“家国情怀”之间存在着必然的关系，近代经济史的发展实质上也是中国国民资本的发展过程，从“自强”“求富”“设厂自救”“实业救国”，可以看出，在“家国情怀”的培养过程中，既要努力实现国家的富强，维护民族的利益，也要防范外部力量的入侵。

第三节　基于核心素养的高中历史课堂提问设计

一、高中历史课堂提问的问题诊断

在新课程改革的大环境下，对教师们提出了一系列的要求，那就是要改变历史课堂的教学方式，要一直保持以学生为主体，以教师为主导的教育思想，所以，中学历史课堂上的提问问题也在不断地改进。然而，在实际操作中，新课程改革仍像“新瓶老酒”。有些学校，根据国家的要求，划分年级，设置各种科目，但是，在大部分的历史课上，还是教师单方面的表现，由于时间紧，任务重，在历史课上的问题也就多起来了。历史核心素养注重培养学生的思维能力，对历史课堂教学提出了更高层次的培养要求。

（一）高中历史课堂提问的问题表征

1. 课堂提问时空联系不强

时间和地点是构成史书最根本的因素，是对史书进行更深层次的考察所必需的条件。时间是一种既不因人的生产生活而改变，更不因人的生产生活而增减的。然而，当我们换一个视角，考察历史人物、事件和现象所处的时间和空间背景时，时间和空间的构成又会有所改变。尽管其他科目都有“时间”和“空间”两个字，但历史科目中的“时空”并不意味着特定的时间和地点，而意味着历史事件、历史现象和真实的历史人物。在课堂教学中，教师一般是根据课堂需要，通过提问来回顾历史事实，并不是经过精心设计的问题，只是为了考查对基本知识的掌握，为讲授新知识做准备。比如中英两国签署的《天津条约》将于何时生效？新设的十个商埠是什么？对特定的时间和地点的认识，以及对基本的历史事实的把握，是建立历史关联的先决条件。但是，在当今的高考中，时间往往被用到了诸如朝代、时代之类的各种方式，并且更加注重对空间分布模式的理解。因此，单独的历史已经不能满足学习评估的需要。教师们开始将注意力转移到了对历史的整体把握上，用问题来引导学生构建一个完整的历史。例如，从唐朝到明清，中央集权的发展呈现出什么样的趋势？经济、文化和社会发生了怎样的改变？然而，也有一些问题只是停留在表面，没有深入到实质上，从而导致了时空之间的联系变得不密切，无法将两者之间的深层次联系挖掘出来，如果离开了特定的时间和空间，历史就会失去它原本的本质。

2. 课堂提问欠缺批判性思维

自从新课程改革开始，历史资料在课堂上被越来越多地使用，课程改革对教师提出了更高的要求，教师们要根据历史资料，创造出一种情境，引导学生去发现问题，并且从历史资料中提炼出有用的信息，为问题的解决提供依据，从而培养他们的批判性思维。但是，当学生在课堂上就历史问题提出问题时，教师往往只关注知识点的掌握，导致了历史教学中“名”而实“虚”。运用历史材料的方法，主要包括：提出问题，提供历史材料，总结课本知识。目前，我国学校历史教学存在着史料选取上的问题。一节课上积累的史实很多，很多史实都是无关紧要的，和讲授的内容并不紧密相关，问题也只是围绕着课本上的几个知识点，或者直接从史实中推导出一个死板的结果，以求一种转变历史课程的方法。一是对所引文献缺乏认识，忽略了对其真伪和价值的判断，甚至出现了“只做一个判断，不做另一个查找”的情况；二是在运用历史材料时，较少询问其类型及鉴别方法。教师为了节省上课的时间，一般只会简单地讲述一些相关的知识，缺乏一些关于这些知识之间的互相验证的指引，也就没有出现过这样的提问。久而久之，就会形成一种思维定式，难以跳出，因而也就不能形成批判思维。

3. 课堂提问缺乏全面而合理的解释

在课堂教学中，教师在解决历史原因、历史事件的评估及历史现象的说明等问题时，常常注重的是抛出问题，仅通过一个提问的方法，就能得出历史的结论，但这样的方法缺少了指导。例如，在对毛泽东出现的时代背景进行分析时，教师就可以直截了当地提出问题：毛泽东出现的条件是什么？引导学生从政治、经济、意识形态和阶级的角度来分析问题。这对学生的思考能力造成了很大的制约，虽然这些条件性都已经得到了，但学生们却只知道这些，还没有形成一个完整的解决问题的思路，更没有自己的理解和解释，只能说是知其然不知其所以然。根据记忆中所包含的信息的持续时间，人类的记忆可以划分为即时记忆、短期记忆和长期记忆，在重新抽取知识的过程中，学生必须依靠笔记等其他材料进行死记硬背，强迫记忆。当前，大部分的历史课堂教学仍处于传统的模式，在讲述历史的过程中，教师通过提问的形式，来指导学生用课本上已有的固定的结论来讲述历史，这违反了历史教学规律和论从史出的原则。在提出问题后，教师在对问题进行梳理、解释时，常以相关的历史观念予以解答，并将其直观地呈现给学生。此外，大多数的教师提问都是为了让学生可以接受一定的史论，并对这一史论进行理解，而没有通过提问来启发学生的思考，给学生一个产生自己的理解并发表自己的意见的机会，以提高学生的逻辑思辨能力和历史解释能力。

（二）高中历史课堂提问的深层指向聚焦于历史核心素养

历史核心素养是指学生通过历史学习，获得适应社会发展、形成历史学习的关键能力、必备品格和价值观念。但是，在高中历史教学中，涉及学生的“核心素养”问题时，存在着诸多问题。提问是一项教师和学生共同参加的过程，而这个过程的产生，不仅跟参加这个过程的人

（教师和学生）有着千丝万缕的联系，更主要的是，在这个过程中，提问缺乏更深层次的价值引导和目标。在历史课堂教学的实现中，提问是一种重要的手段，一些有一定教育意义的问题能够激发学生的思维，激发他们对问题的探索，从而突破他们固有的思维定式与思考方式，激发他们提出问题和质疑。此外，在课堂上的提问还可以为学生提供一个思路，让他们可以对问题进行批判性的解答，让他们对自己的学习方法有一个更好的掌握，进而让他们可以更好地养成正确的历史意识以及具有系统的历史思维。在设计问题的时候，教师要根据这个课程的三维目标来设计，从而达到教学的三维目标。不过，就现在看来，三维目标还是存在一定的限制。发展教育的终极目标是要提高人的素质，使人变成一个更好的人，而历史核心素养强调的是对人所具备的必要品质和重要能力进行培养，它是对三维目标的一种更深层次的提升和浓缩，对三维目标的缺陷进行了补充。在具体的历史课堂教学提问环节中，在掌握基本的历史知识和各方面的技能的同时，希望通过提问来推动三维目标向历史核心素养的转化，从而培养学生的核心素养。

二、基于史料实证素养的提问策略

（一）提高教师的史学素养

史料教学是新课程改革下的重要课程目标，也是史料实证核心素养的重要培养途径。当前，我国历史文献教学的状况并不理想，这与历史文献教学中扮演着主导角色的教师有着密切的关系。教师所具有的知识的广度与深度，教师的知识库所能包含的史料的多少，如何引导学生了解史料，以及本人的史学观念，都会极大地影响到历史教学的效果。这就要求教师不断提升自己的专业素养和史料素养，在日常的历史资料阅读中，要多搜集和积累历史资料，并按照教育的需要，从不同的角度进行分类，针对教学中存在的问题，提供了新的答案材料和视角，丰富了教材的内容。在备课时，要基于学生对文献的运用，对文献进行辨识和综合，运用唯物史观的科学历史观，深入解读，并设计问题，让学生更好地理解文献，在教学中对文献进行有效的引导。在教学中，教师应对学生进行正确的引导，并依据史料证明某个知识点或观点的正确性和合理性，进而建立起历史事件之间的联系，评价历史人物，说明历史现象。只有这样，才能让学生们建立起自己的思维，并能自己提问、自己解决问题，从而形成他们在史学和实证学上的造诣。此外，教师还应该多读书、多学习，多学习历史的知识，多学习历史的研究方法，拓宽自己的视野，在提高自身的素养的同时，提高学生的历史素质。

（二）提问的设计要紧扣史料

提问是起到启发和指导学生思维的作用，所以，要仔细地设计问题，提出的问题要有针对性，要准确、严谨，要强调重点和难点。为了在历史课堂上更好地培养学生的史料实证素质，激励和锻炼他们的批判性思维，就必须按照新课标的要求，根据教学需求和史料信息，提出问题，在设计问题时，要围绕史料，深入发掘，弄清楚史料所表达的意义，从何而来，及其可靠性，并做好提问的准备。另外，在涉及相关文献的问题上，要根据课程的目的来设置，使同学们能够建立批判式的历史观，并使课程的目的得以实现，进而提高课程的质量。作者在教学中注意到，在日常教学中，经常出现学生忽视课本内容的现象；根据教师的提问，将已学过的内容提取出来，然后进行回答。所以，当我们使用历史文献来解答问题时，问题的设计应该抓住历史文献中所包含的信息和所要解答的问题的联系，并从历史文献中提取出重要的历史文献信息，从而为解答问题提供依据。在这个过程中，我们必须先辨别出这些资料的真假，了解这些资料对解决问题的意义。

（三）以史料实证素养培养要求为提问方向

对史料实证素养的培养，具体内容有：了解史料类型、鉴别史料价值、解读史料、提取史料信息，运用史料证明某观点或不同史料针对研究问题进行互证。在课堂上，教师应针对具体的教学内容，按照课程的需要，适时地提出问题。可以从多种视角对其进行考查。

首先，通过对史料类型的分析，引导学生辨别史料的真伪。因为历史是人为写出来的，所以它并不十分可信，也很容易被统治者的目的影响。通过教师的发问与学生的参与，加深了他们对历史文献的理解，为历史文献的运用打下了坚实的基础。

其次，通过对历史资料的解读，提炼出重要的资料，并对问题进行了剖析。根据教学目的与培养需要，对历史资料的解读可划分为“初步了解”与“深入理解”两个层面。在第一个层面上，大多数学生可以理解史料的种类、作者和撰写的时间和地点；第二个层面为“领悟”，因地区与学校的不同，需要达到的标准也各不相同。在利用历史资料来分析问题时，通常都是从以上几个方面来考虑的。而对于一些较少涉及的试题，教师在课上也只是一笔带过，并不做深层次的分析。

最后，通过文献资料来证明文中的论点，并对文中的论点进行了质疑。教科书是学生学习的“蓝本”，但是不能完全信任教科书，对于一些文本的观点需要加以证明；在使用史料论证的时候，要对史料有一个客观、全面的认识，在对史料进行解读时，要将其置于当时的历史环境之中，从各个方面的现实出发，从多个角度去认识，用两个以上的史料来互相论证，避免因为孤证定论而导致错误的结论。

三、基于历史解释素养的提问策略

历史解读是基于对可靠的史料的了解，并将其与作者的背景、出处等联系起来，从而构成了学生对它的判断和理解，并做出一个合理的说明。而对于这些问题，由于每个人所处的角度、所关心的问题，对于理解这些问题也有很大的影响。在提出问题时，要突破传统教学模式，以新课程理念为指导，以多元的思维方式对同一问题进行认识。例如，从世界历史的角度，或者从文明历史的角度，就能说明这一点。根据学生已有的认知特点和知识结构，在提问的过程中，不断地启发、引导学生，产生思维碰撞。对于没有足够的认识来解决目前的问题，或是对于问题的理解与内心的理解不一致，则可以通过查阅文献来理解其合理性，或是建立新的历史理解。从而有效地克服了传统教学中“满堂灌输”的弊端，提高了学生的理解能力。

（一）利用多样化的史观进行提问

历史解释要求以科学的历史观为指导，以历史资料为依据，来阐释和评价历史。历史教育中，历史教育中最常用的一种史观就是“革命史观”，即“阶级斗争史观”。简言之，就是要用革命斗争的观点来理解历史。受这种单一化历史观念的影响，学生从一个比较狭隘的视角来看问题，不够全面。为顺应时代的发展和观念的开放，许多历史研究者尝试着从其他的视角出发，正确、客观、全面地看待历史，以历史主义为理论的理论指导，在马克思主义的理论指导下，对历史进行评价；近代史观是近代史的重要组成部分，而近代史观又是近代史的重要组成部分。在对问题进行探究时，利用不同的史观进行提问，引导学生产生不同的思维，产生不同的观点和解释，全面、客观地认识历史问题和现实问题。例如，对一个人的评价，从不同的史学视角出发，使用不同的史观，就会得出不同的评价；展现孙中山先生的不同评价，一种是“他是民主革命的先驱者”，另一种是“他是一位提倡移风易俗的人”，这时，教师就可以提问：“他们对孙中山的评价，从何而来？”你怎么看这些评价？用历史事实来解释。除了自己的学习之外，你是否能从别的方面来评价孙中山？以上，我们从革命史和社会史两个角度来评价孙中山，同样，我们也可以从文明史和世界史两个角度来评价孙中山。在此基础上，针对孙中山的个人事迹和功绩，阐述为什么对孙中山的理解存在差异，并在此基础上，根据所学内容，给出自己的看法，从而实现对历史人物的多元化理解，实现对历史人物的多角度审视。

（二）创设历史情境，通过提问“神入”历史

历史解释与人密不可分，人是历史解释的对象，而历史解释的主体则是课堂上的师生。只有扮演一个有血有肉、有感情的历史当事人的角色，将特定的时代背景与社会语境相结合，才能获得充足的数据与信息，从而真正地了解历史，身临其境。从而提高了学生对历史的认识，使他们对历史的认识更加客观、全面和辩证。历史是不可逆的，人类只有借助历史资料，才能在一定的时间、空间条件下，将其还原出来，才能更好地理解、阐释其合理性。

正如我们现在所处的时代，当面临重大选择的时候，大多数人都是左右为难，而这个时候，大多数人都会综合多种因素，然后做出选择。《历史上重大改革回眸》中“戊戌变法”，谭嗣同是“戊戌”六君子之一，他在鸦片战争后，因洋人入侵中国，签订了许多不平等条约，国力日渐衰弱，民不聊生，他积极投身于维新运动，但是，他的努力受到了慈禧和其他一些顽固分子的残酷镇压，他的努力受到了极大的打击。谭嗣同在这生死存亡的关键时刻，做了什么？如果是你你会怎么做？

戊戌变法失败后，谭嗣同曾多次被劝说出逃，但都被他回绝了。谭嗣同慷慨激昂地说：“各国变法，无不从流血而成。今中国未闻有因变法而流血者，此国之所以不昌。有之，请自嗣同始。”他要梁启超出逃，梁启超却要他一同出逃。谭嗣同说：“不有行者，无以图将来；不有死者，无以酬圣主。”

关于谭嗣同在戊戌变法中拒不出逃，学术界众说纷纭。要了解学生如何理解谭嗣同的事迹，教师可以这样问：“你如何看待谭嗣同的壮举？”要回答这个问题，就必须要有一种“历史主角”的感觉，将自己放在历史的背景之中，将自己放在谭嗣同的位置上，在正确的历史观的指引下，对谭嗣同的人生经历、思想、作品等资料进行深刻的分析与思考，体会到其中的历史人物及其思想，从而得出对历史的正确认识。

（三）于疑难处提问，运用比较法进行解释

历史解释受到诸多因素的制约。任何一种历史现象的产生，都离不开它所处的时代背景。历史的解释与人的存在密不可分，对历史进行解释的史学家的个人思想、立场、情怀及价值观，都是对历史解释产生影响的主要因素，不同的立场，对历史的解释就会有所不同。史料是解读历史的主要根据，而解读者手中的史料是否真实，数量多少，则会造成解读的差异。研究历史的角度、方法和史观是多种多样的，不同的角度、方法和史观对历史的解读也是不同的。这就导致了对历史的解读是多元的。举例来说，对于哥伦布发现美洲的历史，欧洲人把哥伦布看作“美洲新世界的发现之父”，而拉丁美洲人则把他看作“引起殖民地掠夺的匪徒”。为何对同一件事情，却有截然相反的看法与诠释？由于哥伦布带给拉丁美洲人的意义不同，译者们也有自己的理解，他们有自己的观点和看法，虽然两个看法大相径庭，但只是角度不同并没有什么实质上的矛盾。

第四节 基于核心素养的高中历史探究活动设计

一、高中历史探究活动课的类型及实施过程

（一）历史探究活动课的内涵

要理解历史探究活动课，首先要了解活动课程。目前学术界对活动课程的研究还未形成统一的界定，主要有以下几种观点：

活动课程是把儿童的生活活动作为课程的主要内容，把儿童的兴趣、需求和能力作为编写课程的起点，让儿童可以用自己的方式来组织一系列的活动，来学习并获得经验，从而使他们能够在现实生活中解决问题，从而培养他们的兴趣、能力和各种品质的课程理论。活动课，又称体验课，是一门强调学生直接体验的课程。

活动课程是一种根据不同的实践活动项目和具体的活动形式，以全面、个性地培养学生的基本素养为目标，根据不同的实践活动项目和具体的活动形式而构成的辅助课程形式。这反映了国内外学者对于“活动课程”的看法，虽然各有不同，但是他们都重视学生的主体性，重视学生的直接体验。

而历史活动课却与活动课程有着直接的区别，它是以课程为基础，以现代教育论中的“以活动促发展”为指导原则，以学生自主学习直接体验、主动思考为基本特点，以促进学生个性养成和创新思维为目标的

一种动态教学形式。

历史活动课指的是一门拥有特定的活动目的和活动过程的课程，它将重点放在了利用各种活动来对学生的历史学科核心素养进行培育，从而提升他们的综合实践能力，从而推动他们的各个方面的发展。探究式教学法指的是在教师的必要的引导下，学生以问题为载体，创造一种与科学相似的情境和路径，利用自己收集、分析和处理信息的方式，展开独立自主的科研活动，进而学习到知识、发展能力的一种教学方法。这是伴随着新一轮的历史课程改革而产生的一种新的教育方式。

（二）历史探究活动课的特点

1. 综合性

历史学科是一门综合性很强的学科，研究范围很广，既涉及政治、经济、科学技术等各个方面，又与现代的社会生活密切相关。其中，政治热点问题、国际关系问题、社会环境问题等，均与历史密切相关。这就对历史探究活动课提出了更高的要求，它要对自身的学科体系进行突破，并与其他学科建立起一种联系，用各种学科的知识进行融合，从而拓宽学生的视野，同时还可以对学生进行全面的认识和分析问题的能力进行培养。不管是选择研究课题，还是进行内容的设计，都要以学科的综合性和整体性为出发点，在重视本学科的知识的同时，还要与其他学科之间建立起一种联系，从而对学生的整体观念进行培养，从而提升学生对各学科知识进行融合的能力。例如，“中国传统文化的过去、现在和未来”这个探究活动课程，要求学生写一篇短文，这是将历史知识和语言知识相结合的一种表现，可以培养学生的史论结合的写作技巧，提高对史料的佐证能力。

2. 多样性

多样化的活动课程，使得学生的活动不会僵化，不会机械。历史探究活动课程的教学内容具有多样性，从课本中已有的探究性教学，到历史上已有的其他教学内容。在这种情况下，教师可以根据自己的班级特点、学生的兴趣、需要以及知识结构，选择适当的内容来展开研究，可以是教材中的某一节课，也可以是某一专题，更可以是某些有争议的事件或者人物，可以是多种多样的。除题材内容多元化外，它的组织方式也多种多样。教师可根据学生的特征与兴趣，选择多种不同的活动，并采用恰当的组织方式与教学方法，对学生进行活动教育。

3. 自主性

自主性历史探究活动课最突出的特征，也是新课改精神的集中体现。通过学生的自我活动、游戏作业和创造性活动，促进学生内在本性的自由、协调、全面的发展，充分发挥学生的主动性、创造性和自主精神。在教学活动中，教师只是起到了基本的引导作用，而学生才是真正的主体。通过阅读有关历史知识，搜集历史资料，是学生进行自主探究的一个过程。只有在学生进行独立的探索活动中，他们才可以激发出自己对历史知识的思考，从而可以更好地感受历史、了解历史，培养出正确的历史观，提升自己对历史的理解能力。通过自主探索，深化了对史学的认识，从而增强了史学研究的实证性和解释性。

4. 合作性

历史探究活动课教师应该重视学生间的协作与交流。因为探究活动是多种多样的，所以为了达到一节活动课的目的，教师和学生之间、学生之间要有明确的分工和合作。因此，在活动课上，主要是以小组合作为主，需要学生自己收集资料，然后与其他成员一起进行。在小组之间，互相对自己思考和探索的结果进行交流，并交换自己不同的看法，这不仅可以促进知识的共享、共学，还对培养学生的团队合作意识有帮助，从而提高他们与他人交流合作的能力。

5. 开放性

历史探究活动是一门以开放为特征的课程。历史探究活动课在选题上，可以不局限于课本，选择适合学生兴趣和需要的各个方面的探究材料。在教学过程中，教师在教学过程中，应注意提高教学质量。活动课的课时可无限制，师生可根据自己的学习计划及实际情况，自行选择。而活动课堂的空间也不再局限于课堂，它还可以扩展到学校，乃至整个社会。在活动中的师生关系也是开放的，教师不再采取武断的讲授者的态度，而以指导者的身份参与其中，师生相互合作开展探究和民主教学。它的活动过程和结果都具有开放性，在开展活动时，注重对每一个学生的需求，注重对不同学生的学习经验和创造性表现的重视。此外，对活动成果进行了多种形式的公开展示。

6. 过程性

探究活动课是一门强调学习过程，强调学生在学习活动中的参与与经验的课程。历史活动课程设计要尊重每一位学生的个性发展与需求，注重他们在活动中所获得的丰富的学习经验与个性的创新表达。在这个过程中，学生可以主动去发现问题，去提出问题，去收集材料，然后将这些材料进行分类，从中挑选出一些对自己有帮助的材料，然后进行下一步的分析和应用。这样的探索学习的过程，对学生来说是非常有好处的，他们可以在各种亲身的实践中，感受到探索的快乐和困难，在这个过程中，他们可以培养自己获取信息和处理信息的能力，同时还可以提升自己的综合实践能力，从而提升自己的历史学科素养。

（三）历史探究活动课的类型

华东师范大学的郭元祥教授将活动课分成了四个部分，分别是：探索式的探索、实践式的设计、以社会考察为主的体验类活动以及社会参与式的学习。就历史探究活动课来说，它的类型和表现形式是大致可分为三种：

1. 交流研讨型

交流研讨型，指的是学生通过对某一题目的收集、分析、展开全面的讨论和交流，从而可以自由地表达自己的观点和思考的一种形式。它的传播方式主要有文献研读、学术研讨和辩论会等。例如，“西欧中古时期的‘黑色’”通过对有关中古时期的历史资料的研读和研究，来探讨中古时期的有关史实。通过对有关历史资料的分析与探讨，了解西欧封建时代的基本发展状况，探讨西欧的政治特征，从而可以从宏观上了解西方现代资本主义政治体制建立与发展的历史背景，加强学生的时间与空间概念，并促使学生更好地接受与学习新的知识。在教师的指导下，对某些史料进行分析对比，从而引起学生更深层次的思考，从而可以扩展学生的思维，拓宽学生的知识面，提丌学生获取史料、阅读和分析史料素材的能力。通过讨论与沟通，学生们学会了尊重他人，团结协作。“科举制的利弊”旨在让学生们对科举制的利弊有一个更加深入的了解，了解科举制对于古代中国和近代的意义。“关于改革与发展的讨论”和“世界大战的启示——战争给人类带来了什么”等都是以一个题目为对象，要求学生收集、整理和分析有关的背景资料，通过讨论、辩论等交流研讨的形式展开活动。

2. 活动设计型

这种方式主要是以活动的内容作为背景，然后收集资料，对活动问题展开研究，最终把研究结果用一些具体的活动设计的方式来表现出来，比如：展览会、小论文的撰写、历史手抄报等，让学生通过这些活动的设计来体会历史，从而培养出正确的历史观和价值观。例如，“中国民生百年变迁（20世纪初期—21世纪初期）”提出，要通过开展一项调查研究，通过开展一项历史展览，让学生认识到中国社会生活从20世纪初期到21世纪初期的巨大变化。就拿交通来说吧，在人类迈入以工业文明为标志的近代社会之后，交通动力先后从蒸汽机到电气化，直至核电时代，从而创造出了各种各样的现代交通工具，使人们实现了前所未有的对时空的突破和超越。不只是交通，吃穿住行，一切都有了翻天覆地的变化。在这个活动中，教师要带领学生们围绕着一百多年来发生的变化，从器物、风俗、环境、服饰、交通、饮食、通讯、娱乐等方面来探索，并把收集到的各类资料进行分类整理，举办一场反映社会变化的历史展览。透过展览的方式，让学生们对于社会生活有一个更深入的、直观的认识，进而加深他们对改革开放的认识。例如，“中国传统文化的过去、现在和将来”通过写一篇小短文的方式，探讨中国传统文化的发展；“中华人民共和国外交成果”通过模拟记者招待会的方式，介绍新中国在不同时期的外交成果。这些都是在具体的活动设计基础上进行的，在具体的情境中，学生可以去感受历史，去理解历史，从而形成历史思维。

3. 社会实践型

所谓社会实践型，就是用特定的社会实践来展开探索和活动，在实践过程中，他们可以参与历史、感受历史，让学生的独立思考能力和实践能力得到提升，从而让他们的历史学科核心素养得到培养。比如“春天的故事”，就是让学生认识邓小平的生平和重要事件，通过调查和探索改革开放给社会发展带来的影响，并通过调查报告的方式来展现活动。通过对特定区域居民的访谈与调查，体会邓小平在人们心目中的形象与地位，了解邓小平领导下中国社会发展的伟大成就，并在此基础上写出具有代表性的人物，从而增强对历史人物的分析与判断的能力。“走进历史博物馆”的目的是让学生通过参观身边的博物馆来感受历史，从而建立起时间和空间的概念。“对社区居民生活方式变化的调查”“三代人眼中的教育——访谈录”“本居住地区人文自然环境的考察和保护建议”等都属于对学生参与程度要求较高的社会实践型课题。在与被调查者的沟通过程中，可以增强学生的自信心，提升他们的人际交往能力。

二、高中历史探究活动课实施的建议

中学历史探究学习活动对于转变教学模式，转变学习方式，提高学生的学科核心素养，发挥其育人作用具有十分重要的意义。为了更好地开展研究性活动，更好地发挥研究性活动的作用，笔者在探究活动课的实施过程中总结了以下三个需要注意的方面：

（一）活动主题方面

1. 主题要明确可行

历史探究活动课中，活动主题的选择与确定要反映学生的兴趣和时代特征。历史是已经消失的过去，要让中学生认识那些发生在遥远年代的人物和事件，需要一种跨越时空的想象和理解。只要是学生感兴趣的、与社会生活联系紧密的，都可以作为活动的课题。活动主题既可以是教材中规定的，也可以在教师指导下由学生自由选择，但都要考虑学生的选择和兴趣。同时，课题的选择不宜过大，要考虑学生的思维水平和认知水平，要考虑选题的可操作性，不能为了研究而研究，加重学生的负担。教师可根据学生的兴趣及知识结构，选择适宜的选题，方便学生理解和进行材料搜集。

2. 目标要体现新理念——历史学科核心素养

新的高中历史课程思想是指在党的二十大之后，"立德树人"的教育思想和对学生历史学科核心素养的重视。在新课程标准中，教师应注重对学生历史学科的核心素养的培养与提升。"立德树人"是中学历史课程改革的重要内容。在历史课程的学习过程中，学生可以形成历史学科的核心素养，从而实现全面发展、个性发展和持续发展。历史学科的核心素养有五个方面，即唯物史观、时空观念、史料实证、历史解释、家国情怀。在设计活动课目标时，要符合新课程标准的要求，要将新课程标准的精神和理念充分地反映出来，要重视利用活动来提升学生的历史学科核心素养。活动课的目的是要利用所学到的知识与技能，来解决新问题，培养学生的收集信息和处理信息的史料实证能力，从而对历史问题有一个全面的认识，从而形成一个历史时空观。在制定活动目标的过程中，要采取多种方式，例如：史料分析法、查阅资料法、调查法等，让学生在活动中学会各种科学的学习方法，从而提升他们的综合学习水平。在此过程中，可以使学生得到探索的经验，从而增强他们的学习兴趣和愿望，从而使他们对历史有一种认同感；在进行自主探索的过程中，不断地完善自己对历史知识的学习与建构，并对学生的时间、空间概念与历史解释能力进行培养，从而提升他们的历史核心素养；在合作学习的过程中，可以提高学生的人际关系技巧，理解团队协作的重要意义，并对别人的科研成果表示尊敬，从而培养出团队精神。因此，在制定活动课程目标的时候，要对其进行有效的引导，以提升学生历史学科核心素养为导向，要注重对学生综合能力的培养，要从多个角度进行考量，要有侧重点地进行设计。

在探究活动课实施过程中，要注意选题的选择，要注意教学目的的设计。在选择活动主题时，要充分尊重学生的主体地位，尊重他们的兴趣，并选择一些与社会实际有紧密联系的问题来展开研究，从而可以将学生的学习热情调动起来。研究的题目不能太大，研究的难度要适度，研究的方法要多种多样，要根据班级的特点和学生的个性来选择。探究性活动的目标设计应符合新课改思想，突出“立德育人”，以培养和提升学生的历史核心素养。

（二）活动过程方面

新的课程改革，突出了“以人为本”的理念，强调了改变教育模式，改变了学生的学习方式，注重学生的全面发展，注重对学生的历史思维的培养，注重对学生的基本历史素质的培养，注重对学生的综合应用能力的培养。因此，如何更好地推动“活动课程”的实施，就显得尤为重要。

1. 革新教学观念

“思想是行为的灵魂，思想是教育的指引和指导……思想不改变，就不能进行教学改革。”教师历来都是以专业的教育者和知识的传授者的身份出现，但是在新的时代，教师要改变自己的教育理念，重新定位自己的角色，以满足新课程改革的需要。

新课程中的“教师”观念，强调重新进行角色定位。教师要树立起“教育是为了一切人的发展”的观念，更新自己的教育观念，改变自己的角色，在重视学生的学习方式的同时，也要重视学生的心理健康和科学价值观的形成。实施历史探究活动课是新课程标准的要求与精神的具体体现，因此，教师们要对探究活动课进行全新的认识，要对探究活动课的本质与特征进行深入的研究，要对探究活动课的设计原则、实施过程进行充分的理解，并意识到开展该课程具有独特的现实意义，这对于提升学生的历史核心素养具有十分重要的影响。在教学实践中，教师要把历史探究活动作为一门普通课程来对待，要重视活动的开展和实施，要鼓励、支持和组织学生参加多种形式的历史探究活动。教师要亲身参加，加强宣传，积极筹备，增加学生的参与性，在活动中要充分尊重学生的主体地位，注重学生的个性发展。

2. 提升专业素养

历史探究活动是一门以开放为特征的课程，它需要教师具备较高的综合素质。这就需要教师具有良好的教育、教学素质，要用新的教育理念来指导自己的教育实践，不断地进行知识的更新，对自己的知识结构进行优化。这对教师的职业素质提出了更高的要求。

作为一名教师，必须具备较强的专业知识素养，并对自身的知识进行更新和优化。活动课程的内容是综合性的，这就要求教师不仅要有较系统的历史学科的专业知识，而且要有较广的科学和文化知识，还要具备文学和美学方面的知识。要想让活动课更好地进行下去，教师们一定要对活动主题的资料、知识背景、发展脉络等有一个完整的了解，在获得资料之后，要对资料进行分析和总结，从而形成一个对研究主题的总体理解，从而提升自己的知识水平，从而可以在活动过程中更好地引导学生。

在教学实践中，教师应加强自身的创造性、组织性。活动课可设置为一节课，或与普通的历史教学相结合。这就需要教师具有一定的创造性，并能根据实际情况做出相应的调整。以课程内容为基础，在适当的地方，创造出一个丰富多样的历史情境，以此来激发学生的学习兴趣，让他们在经历情境的过程中去感受历史，从而对他们的历史观和时间观念进行培养，提升他们对历史的理解能力，建立起一个正确的历史观。同时，在课程设置上，教师应具有较强的综合素质，在课程设置上，打破课本的局限，充分发掘教学资源，开展多种形式的活动。所以，在新的“立德育人”的教育思想下，如何开展研究性学习活动，就显得尤为重要。教师应从根本上改变自己的教学观念，实现自身的角色转换；在教学实践中，教师应注重开展研究性学习活动，努力提高自身的业务素质，增强学生的组织与创造能力。教师应以合作者角色指导学生，使他们更好地参与到学习中去，并与他们一起成长。

（三）活动评价方面

教学评价是新课程实施的一个重要环节，它对新课程改革，提高历史教学质量具有十分重要的作用。新一轮的课程改革提倡发展性评价，强调学生的发展，关注学生在发展中遇到的种种问题。它不仅考查学生是否掌握了必备的历史知识和技能，更关注学生是否经过学习，掌握了一定的学习方式和能力，以及学生通过历史学科的学习，能不能形成正确的对历史、对社会、对人生的情感态度与价值观。为此，我们必须在新课改的指导下，从各个角度对高中历史探究活动进行评价。

1. 评价主体多元化

新课程强调扩展评价的主体，重视各主体间进行沟通。评价主体，既可以是教师，也可以是家长。而且，学生也可以成为评价的主体，主动参与评价过程，从而促进自我反思和发展，提高自我评价的能力。例如，在活动课前，教师可以指导学生制订自我评价的项目和标准，鼓励并引导学生记录自己各方面的进步、成果及不足，对自己的研究成果进行自评，可以使学生的主体性得到充分体现，清楚地了解自己身心发展状况，为新的学习目标的制定提供依据，促进学生的自主发展，提高学生的参与度，使活动任务能够更好的完成。此外，教师也可以对学生在活动中的态度、研究成果、参与度等进行评价，家长也可以在一定程度上对学生的活动进行评价。总之，要注重多元化主体的评价，提高评价的教育功能。

2. 注重过程性评价

注重过程评价是“活动”课程的基本要求。活动课程强调学生的独立行为和个人体验。在教学活动中，教师应注重对学生在教学活动中的各项表现进行全面的评价，教学活动的过程即是教学活动的评价过程。

活动方案在选择和确立时，要注重学生是否具有历史思维，是否能够从历史的角度去发现问题、提出问题。在活动的准备阶段，可以对学生的学习方法和技巧进行评估，例如：收集资料、获得资料，对资料进行分类、归纳、总结、分析的能力。在活动的过程中，要重视学生个人的发展，重视学生参与的态度是否积极，与他人合作交流是否顺利，观点是否可以流利地表达，这些行为表现都需要对其进行及时的评价。与此同时，还要对学生探究问题、分析问题的能力进行评估，看学生是否具备了一定的创新精神和综合实践能力，是否具备了一定的历史学科核心素养。在展示成果的过程中，要把重点放在学生的科研成果上，向他们展示他们的小制作、小论文、图片、文字资料等成果，把他们的活动成果通过竞赛、演讲、展览的形式展现出来，用他们的成果来体现出活动课的价值。活动教学应注重过程评价，注重对活动全过程中各个环节的教学效果给予充分的重视与评价。评价要及时、客观，根据每个人的实际情况进行评价。促进活动目标的实现，促进学生历史核心素养的提高。

3. 评价方式多样化

新课改提倡多元评价方法。以往的教学评价，过分重视笔试的功能，虽然有其必然性与合理性，但也不应该成为评价的唯一手段。对历史活动课程进行评价时，应采取更加多元化的方式。历史活动课的评价方式有很多，教师可以对活动进行评价，学生也可以对活动展开自评，学生之间也可以互相评价，或者各个小组之间进行互相评价，使评价更加客观，更能听到不同的意见。另外，还可以通过学生的口头陈述、展示和活动评价等方式，对学生进行书面评价。因此，对活动课进行评价并不一定要一成不变，要综合使用多种评价方法。这种方式，可以使教师在学习过程中更加精确地掌握学习过程，并对学习过程进行反馈，进而对学习过程有更为细致的了解，为以后的学习提供依据。多元化的评价方法可以更好地反映出学生的整体素质，更好地反映出学生各方面的发展情况。总之，在“活动课程”的实施中，应关注评价、拓展评价对象、加强评价对象间的交流、关注多元评价等问题。评价程序以学生的实际表现为依据，全面评价。在评价过程中，应采取多种方式，以促进学生的自我发展，提高他们的历史核心素养，树立他们的正确的历史价值观念。

第四章

历史学科核心素养下高中历史教学研究

第一节　唯物史观——历史学科核心素养达成的理论保证

一、历史观与唯物史观

历史观指的是人们对社会历史的根本观点和总的看法，它是哲学基本问题在社会历史领域中的延伸，也是中学历史教育教学的灵魂旨归。

《普通高中历史课程标准》指出：中学历史课程的本质就是要“用历史唯物主义的观点，按照社会形态由低到高的发展轨迹，展示历史演变的基本过程，展示人类在历史上所创造的文明成果，并揭示出人类历史发展的基本规律和总趋势”。它的思想引导和价值判断要在唯物史观的指导下，用科学的方式来解释人类历史发展，把正确的思想引导和价值判断融入对历史的叙述和判断中；要引导学生在学习历史的过程中，认识到历史的发展规律，全面、正确地认识历史与现实，从而培养出实事求是的科学态度，并树立正确的世界观、人生观、价值观和历史观。培养大学生的历史责任感，加强对祖国、中华民族、中华文明、中国共产党、中国特色社会主义的认同感；培养学生的世界观。

要继续贯彻“立德树人”的根本任务，第一个目的就是要“认识历史主义的基本观点与方法，认识历史主义是一种科学性的历史观；对人类历史发展的总体趋势有较好的把握；可以在学习和探索历史的过程中，把历史唯物主义应用到认识和解决实际问题的指导思想上”。

李大钊曾说过："历史观自身也有它的历史意义，它的历史具有某种倾向性。"从总体上来说，它是从神权的历史观到人生的历史观，从精神的历史观到物质的历史观，从个人的历史观到社会的历史观，从退落的或循环的历史观到进步的历史观。神权主义、灵性主义和个人主义的历史观点，往往带有一种退步或轮回的历史观点，而对生活、对物质、对社会的历史看法，更多地带有一种对历史的进步性的倾向。神权的、精神的、个人的、退落的或循环的历史观可称为旧史观，而人生的、物质的、社会的、进步的历史观则可称为新史观。

唯物史观是历史学科能力培养的灵魂，也是实现学生核心素养发展的根本要求与目的。在中学历史教学中，不仅要厘清历史唯物主义思想的基本内涵，而且要对历史唯物主义思想的贯彻与把握进行深入的研究。

在19世纪中期，随着马克思提出的历史唯物主义和唯心主义的出现，唯心主义一直占据着人类对于历史的认知地位。列宁曾经说过："找到了历史唯物主义，或者说完全使用了历史唯物主义，也就是把历史唯物主义应用到现实中去，这就消除了过去关于历史的两个最大的缺陷。第一，过去的史学，充其量只是对人类历史行为的意识形态动因做了研究，而没有对其成因做过研究，并没有找到社会关系系统发展的客观规律，也没有看到物质生产的发达程度是这一关系的起因；第二，过去的历史理论并不能很好地解释人们的行为，而历史唯物主义则是头一次把人们的行为和它们的变化结合在一起，用自然的真理来解释人们的行为。"

唯物史观的建立，为历史研究提供了一种科学的历史观念。对中学历史教师而言，厘清其形成的历史脉络，有利于对其基本精神、内涵及方法的正确理解，有利于对中学历史课程进行更高层次的建构与指导，有利于达到中学历史课程的教学目的。

二、高中历史唯物史观的实施路径

（一）坚持唯物史观的精神

唯物史观是一种科学的历史观，它揭示了人类历史的客观依据及其发展规律。人们对于历史的理解是由表面到里、由里到外、由内而外、由外而内，因此，我们必须有一种科学的历史观与方法，才能透过复杂的历史现象，真正了解历史的本质。唯物史观是历史学的一种科学，它的立场、观点、方法是历史学研究的基础。

中学历史教师在教育教学的各个环节，都要注意三个方面的贯彻：一是应用历史唯物主义的基本原理；二是历史唯物主义是人类社会发展的重要组成部分；三是历史唯物主义是一种精神和文化的理念，它探索着历史的发展和变化。在教学中，应对有关知识所包含的科学规律进行全面和客观的认识，将历史唯物主义贯彻到实际中去。

（二）明晰唯物史观核心素养的教学目标

首先，要确定唯物史观的培养对象。《普通高中历史课程标准》不但坚持在历史唯物主义的指导下，科学地解释人类历史的发展，在讲述和判断历史的过程中，体现出正确的意识形态取向和价值取向；要引导学生在学习历史的过程中，认识到历史的发展规律，对历史与现实有一个全面、正确的认识，从而培养出实事求是的科学态度，并有正确的世界观、人生观、价值观和历史观。加强学生的历史责任感，加强对祖国、中华民族、中华文明、中国共产党、中国特色社会主义等的认同感；增强学生的世界意识，扩大他们的国际视野，并提出“唯物史观是实现诸素养的理论保证”，将唯物史观置于中学历史学科核心素养之首位。

其次，要掌握好唯物史观对素质的层次要求。课程标准指出：“认识唯物史观的基本观点和方法，具体内容包括人类社会形态从低级到高级的发展、生产力和生产关系之间的辩证关系、经济基础和上层建筑之间的相互作用、人民群众在社会发展中的重要作用等，理解唯物史观是科学的历史观；对人类历史发展的总体趋势有较好的把握；可以在学习与探究历史的过程中，把历史唯物主义应用到认识和解决实际问题的指导思想中。”历史学科核心素养的形成，是以历史课程目标为依据，不断探索、试验的试验依据，从中华人民共和国成立至今，历年来的历史教学大纲、课程标准，无不彰显着历史唯物主义思想的精髓。

最后，要在实践中厘清唯物史观素养与其他核心素养之间的关系。时空观念、史料实证、历史解释、家国情怀等教育实践活动，都应该建立在历史知识的基础上，在正确的历史唯物主义的指导下进行。与此同时，历史唯物主义是历史学科的理论指导，它既反映了历史学科发展的要求，也为打通历史学科与其他学科之间的关系提供了一个大致的方向，它最能体现出在素质教育大发展背景下，重视学科融合的新特征。

（三）培育唯物史观核心素养的教学策略

唯物史观是一种科学的历史观和方法，它揭示了人类历史的客观根据和发展规律。它的含义是：人们对于历史的理解要从表面到里，逐步深化，要通过复杂的现象来理解历史的本质。这就是历史唯物主义的三个层面，即观念层面、方法层面、态度层面。只有坚持唯物史观的立场、观点、方法，才能全面、客观地看待历史。

第一，要理论自信、寓论于史。我们在一切历史教育中，坚持以社会存在为基础、以社会意识为基础来分析历史；坚持从“联系”的角度来分析历史；阶级分析是一种新的、有价值的、有意义的分析。要有正确的价值取向与判断力；选择并精心编排教科书的内容；重视对历史人物的评价，发挥价值引导作用；用实践观点来讲授历史，尤其是要明确环境、人口、传统等构成的社会存在的内涵，个体与群体意识、社会心理与社会意识、上层建筑意识与非上层建筑意识等构成的社会意识的内涵，明确社会存在决定社会意识。

第二，要注重概念引领教学。唯物史观中的很多概念都是经过千锤百炼的，我们应该逐渐地让学生们熟悉并用它们来理解和阐释历史。

第三，要揭示规律、演绎方法。在具体的教学过程中，教师们要在宏观的层面上，运用归纳、演绎等科学的认知和论证的方法，要始终坚持唯物史观，培养正确的世界观、价值观和人生观，要始终维持着历史教学的总体方向，要对人类社会发展的基本规律进行阐释。要对人类社会发展规律的普遍性和特殊性有一个清晰的认识，要对社会历史的必然性和人们的历史选择有一个清晰的认识，要对人民群众创造历史和英雄伟人对历史发展的巨大影响有一个清晰的认识。教师应当对中外历史在人类社会及其每个重大历史阶段的历史基本进程、历史基本矛盾、历史基本趋势有一个清楚的了解和清楚的表达。

第四，要传播唯物史观知识。在历史教学中，应以唯物史观的理念来指导教学。在具体的教学过程中，教师们不仅要在宏观的层面上，要坚持唯物史观，要树立正确的世界观、价值观和人生观，要对历史的教学的总体方向进行把握，要对人类社会发展的基本规律进行阐释。同时，要把历史唯物主义的思想应用到具体问题中去，这样才能让学生对历史唯物主义的思想有一个全面的认识。

最后，要克服淡化弱化唯物史观的教学倾向，始终坚持唯物史观为核心。客观上，一些新理论对唯物史观的传统话语系统造成了很大的冲击，唯物史观在大众化方面还存在着某些缺陷，从而导致了历史唯物主义的弱化、淡化；另一方面，也有部分高中历史教师在理解、学习和应用历史唯物主义上出现了偏差，从而导致了他们对历史唯物主义的理解和应用出现了偏差。我们要坚定地认为，唯物史观并不排斥人类历史研究和发展的新成果，它是唯一科学的史观。但是，我们要脚踏实地求真、不断研学，将其贯彻到教学中。

在新一轮课程改革浪潮中，中学历史教师要认清国际、国内教育发展趋势，教育改革是关系到人民生活、关系到国运、关系到社会发展的大事。我们应密切关注唯物史观的发展进程，深入探讨“核心素养”的内涵，澄清和充实历史唯物主义的基本观念、基本知识、基本方法，并在此基础上，积极探索出一条新理路，开辟出一片高中历史教育新天地。

第二节　时空观念——历史学科核心素养的本质体现

一、理清时空观念与其他核心素养的关系

时空观念是最具有历史学特色的必须具备的素质与核心能力。同时，也将“文化基础”中的“理性思维”思想反映到历史课程之中。时空观念是理解历史的根本，它是学生在认识历史时，必须要拥有的一个重要概念，它是历史学科与其他学科不同的一个显著特点，也是历史学科核心素养中的核心思维能力之一。

（一）唯物史观与时空观念

对学生的时空观念的培育，必须以唯物史观为基础。从时间和空间的视角来理解历史，它自身就包含着一种唯物史观，它反映出了物质与意识，社会存在与社会意识等辩证关系，它反映出了一种由表面到里，通过历史现象来理解历史本质的科学历史观和方法论。历史学具有鲜明的时代特色和系统特色。在唯物史观基本理论中，人们的社会形态从低级到高级的发展，生产力、生产关系的各个历史时期，以及世界从分散到整体等，都对历史的时序性和系统性具有重要的指导意义。

在阶级分析中，各个阶级的社会属性、他们的生活和思想文化能够成为阶级行为发生的特殊的时间和空间条件，从而了解阶级的地位和差异以及他们的活动对于历史进程的影响。唯物史观中的一项重要理论，

就是社会存在与社会意识的关系，而特定的社会存在与社会意识，同样也组成了人类个人或群体开展历史活动的空间，社会意识与社会存在之间在时间上的共生性、依存性以及它们的革命性，都表现出了一定的时空关系。

在教学过程中，唯有将唯物史观的立场、观点和方法融入其中，让学生在一定的时间和空间框架下，去理性地构建对历史事物的认知、理解和解释，才能使学生全面、客观地了解历史。

（二）史料实证与时空观念

人们对历史的认知，主要是以阅读史学家的著作、查阅历朝历代所传的各类史料来进行的。柯林武德说："文献是一种现成的东西，是一种史学家通过思考，可以回答他关于过去发生的事情所提出的问题。"无论是手稿还是遗物，文献都是"此时此地"就有的，史家们也是生活在这个时代的。文献的时间和空间性质，是指史家和学者在历史中选择了什么史料，运用了什么方法对史料进行分析，从什么角度解读史料。客观的历史和主观性的历史，要求我们在具体的时间和空间中，用技术、方法和视角来审视历史的实证。

所以，在历史教学中，时空观念是培养学生在历史教学中所必须具备的基本素质。在对历史进行认知的过程中，如果没有以历史的眼光看待时间和空间的明确意识，学生就会将历史过程中的诸多事件看成是一堆杂乱无章的东西，无法从中选择出可以被用来证明历史的历史资料，也就无从谈起史料实证素养。如果没有对精确时间和空间要素的强烈意识，就不可能对诸多事件之间的相互关系进行考察、分析和理解，更不可能对这些事件之间的历史因果联系进行解释，那么历史解释就会变得言而无序，也就不可能对其素养的培养。没有时间和空间的观念，历史的真实性和权威性就不可能得到理性的分析，史料实证也就无从谈起。

（三）历史解释与时空观念

历史解释是建立在时空观念、史料实证和历史理解的基础上的。学生对历史的理解、运用史料实证的方法、形成解释历史的观点、说法，都必须先构建出时空框架，以时空观念为基础。任何一种历史现象的产生，都有其特定的历史时期和特定的地理环境。只有把历史事实放在时间和空间上的历史发展过程中，我们才能正确地认识历史事实。克罗齐曾经说过，“一切的历史都是当代史”，这意味着，对历史的理解和解释，都是建立在对当前问题的基础上的。

在解读和阐释历史的过程中，人们的情绪倾向、态度判断和价值取向无不带有作家的主观色彩。陈寅恪所谓的“了解之理解”，或者后世所谓的“同情之理解”，在此包含了理解者所处的特殊时间和空间情境。

所以，如果没有一种清晰的、以历史的眼光去看待时空，没有一种强烈的意识去把握准确的时间和空间因素，那么就不可能去研究这些因素之间的相互关系，或者去解释历史上的因果关系，从而形成一个相对稳定的价值观念。

（四）时空观念与家国情怀

“家国情怀是最高层面的核心素养，它是历史课程中历史价值观教育的基本归宿，它反映出对历史课程所承载的培养和涵养正确的历史价值观的高度关注和深刻期望。”但是，在不同的时间和空间条件下，家国情怀的含义存在着差异。例如，中国古代的“忧君忧民”“先忧后乐”“国家兴亡，人人有责”，现代的英雄人物为了拯救世界，不惜牺牲自己的幸福乃至自己的生命，在传统的宗教文化中，在现代的西方文化中，在现代的文化背景下，都带有明显的时代印记，是人们在文化传统、民族心理与社会实际相结合之后，在特定的时间和空间下，产生的一种情绪，带有很强的时代性。而这份浓烈的情感，则是一个国家的精神支撑，也是一个国家前进的方向，指引着人们或群体前进的方向。如果我们离开了特定的历史时空，来对这些感触进行审视，不从特定的历史时空中来对学生进行指导，那么，对情感目标进行的教学必然会成为一种道德的说教，还会产生对道德和情感理解的矛盾。在历史学科的教学过程中，既要指导学生在一定的时间和空间条件下，对人类、族群或个体的情感进行认识和理解，更要指导学生立足于当前的社会实际，从历史中汲取自己的精神营养，从而养成积极的人生观、世界观、价值观。

二、高中历史时空观念的实施路径

（一）分解时空观念核心素养的内容

在中学历史的课堂教学实践中，为了帮助学生构造出一个时空框架，就必须将时空观念分成不同的层次，这样才能在教学中引导学生进行历史的学习，同时也能让教师在教学中根据一定的时空来构建历史叙述。通过与英、美课程标准的比较，并结合我国《普通高中历史课程标准》中提出的要求，将其作为的时空观念核心素养，按以下几个方面的等级关系，将其应用于教学实践。即：

1. 知道和理解史学常用的时间、空间等表达形式

历史时空既是指客观存在的“时间”与“空间”，也是人的主观意识对“时间”与“空间”的表述。在学习过程中，学生要学习如何使用合适的时间与空间概念来描写历史，并建立合适的时间与空间结构，这样才能把历史事件放在时空结构去观察与了解。

2. 从时间与空间的视角解释历史

历史事件的发生与发展必须置于时间与空间的框架中进行考察与解释，才能显示其存在的意义与价值。只有从这种时空视角出发，使用合适的概念范畴，学生才能体会并发现历史事件之间的差别和联系，从而理解并解释历史事件的延续与变化。

3. 运用时间与空间架构历史叙述

历史叙述除了要训练学生的表述技巧与阐释技巧外，更要训练他们还原历史事实的更高层次的思维素质。学生只有在史事发生时的时间和空间背景下，才能站在史事的角度去理解史事的价值，才能最大限度地接近并再现历史。与此同时，在时间和空间框架下进行历史叙事，站在自己的立场上对历史进行思考，提高了学生对历史的分析和解读能力，并培养他们不苛求古人的“同情之理解”的素质。

（二）明晰时空观念核心素养的水平层次

时空观念的实现程度是指在完成了历史课程之后，学生对时空概念这一核心素养的实现程度。达到水平层次标准是把时空概念的核心素养和它的表现水平作为一个主要的维度，并与课程内容相结合，从而对学生达到的成就表现进行一个整体的描述。基于不同层次成就绩效的主要特点，时空观念素养质量标准将成就质量分为不同层次，并对不同层次的学习成果进行详细的描述。

（三）探索时空观念核心素养的教学策略

时空观念是一种把历史现象放在一定的时间、空间背景中去研究、去分析、去思考的一种思维模式。所以，在教学过程中，要遵守历史学科的本质特征，利用适当的历史工具，创造出一个特定的历史情境，对历史表达进行有效的培训，指导学生在具体的时空背景下，对历史事件之间的关系进行分析、理解和解释，最后，要让他们在具体的时空框架下，对历史事件、历史现象进行考察分析，并在不同的时空框架下，对历史事件、历史现象进行全面的认识。

（四）开展时空观念核心素养的历史表述训练

历史表述训练，即对历史表达叙述能力的训练，主要用于“运用时间与空间架构历史叙述”目标的实现上。历史表达能力是一项综合性的历史能力，它要求教师在教学方法上与学生的学习方法相结合，以培养学生的学习风格。在授课方法上，可采用条目编排、程序强化、专题训练和撰写小论文等方法；在教学实践中，可以采用示范、模仿、迁移等多种教学方法。

条目编排，也就是在历史表达之前，可以按照时间或空间的顺序，把问题分成几个条目，然后按照一定的顺序，把每一个条目的具体内容都说出来，还要让学生明白，为什么要这样对问题进行归类。这就给了学生一种定型的思考方式，以便培养他们条理清晰的表达方式。历史上的每个事件，每个人的行为，都有一个“背景、时间、地点、经过、结果”的程式。教师在培养学生表达能力的时候，必须考虑到这些要素，缺少了其中的一个要素，就是不完整的。

专题训练。对历史表达能力的训练，主要是让学生进行专题归纳。先由教师出题做示范，再由学生们自己出题做总结。不管是谁出的题，都要用自己的语言，从时间和空间两个方面进行总结，不能抄袭书本和他人的话。

撰写小论文。运用短文写作的方法，培养学生从时间和空间的角度去解读、讲述历史。组织学生撰写小论文属于一种更高水平的表述训练，它要求学生在讲述史实的时候，以时空维度来构建历史讲述，并且要有自己的观点，做到史论结合。通过安排学生们写出一篇短文，不但可以提升学生们的表达能力，更可以提升学生们对历史的兴趣。

第三节　史料实证——历史学科核心素养达成的必要途径

一、史料实证核心素养的概念

《普通高中历史课程标准》中对“史料实证”的界定是：“对所获得的史料加以鉴别，并利用可靠的史料来还原历史真相的态度和方法。”要使我们对历史有一个准确的、客观的认识，就必须注意搜集、整理、辨析史料，以达到去伪存真的目的。在《普通高中历史课程标准》中，提出即着力于培养学生掌握运用史料进行实证的方法，增强实证意识。“获取”“辨析”“运用”等概念，都是通过历史资料来证明自己的方法，都是指怎样去做。“史料”是经验性的基础，而从史料中提取出来的史实又是经验性的佐证。

《普通高中历史课程标准》在界定“史料实证”素养时，既有明确的史料实证的方法和途径，又有反映出学习历史所需的基本能力，同时也指出，历史的学习与研究，就是要使学生在科学的基础上，通过史料来了解历史的真相，从而形成一种“实证意识”。它所蕴含的求证精神，不但是我们对待历史所应具有的一种精神和态度，而且也是我们处理现实问题所应具有的一种精神和态度。相应地，“史料实证”作为一门历史学科的核心素养，其目的就是要使学生具备一种求真务实、科学严谨的学习态度，在掌握各种收集资料方法的基础上，学会将收集到的资料加以归类、整理，并能分辨出资料的真实性。由此，才能对历史做出正确和客观的理解，达到去伪存真，还原历史真相的目的。这一过程不仅显示出史学求真的态度和实践精神，而且还可以训练学生利用史料来验证事实的能力，同时也将中国学生的核心素养中的科学精神和学习能力等素质，在历史学科的教学中得到了充分的体现。

二、高中历史史料实证的实施路径

（一）剖析史料实证核心素养的内容

根据对史料实证素养的定义以及它的含义的分析，可以将其分为以下几个部分，掌握获取史料的途径、区分史料的类型、从史料中提取有效信息、辨析史料的真伪、判断史料的证据价值、选择合适的史料，以此来实现对史料的合理解释，从而使其在教育中得到更好的应用，从而使学生能够更好地掌握史料实证的方法，并养成一种对史料的理解能力，通过一种“润物细无声”的方式来达到培养的目的。

1. 获取史料的途径

获得史料的途径与方法有很多，包括了文献检索、调查访问、参观场馆、考古发掘、影音视听，以及现代科技手段，比如网络搜索等。而资料搜集与实地调查则是学生获得历史资料最主要的方式。值得注意的是：

第一，尽管到考古遗址挖掘是获得历史资料的一个主要方式，但是因为它与学生们的生活距离比较遥远，而且对学科的要求比较高，所以，学生们只知道这一获得历史资料的方式，而不一定能在实践中运用。

第二，不管是用何种方式获得的史料，都应该尽可能地保持其内容的相对完整性，并在标注其来源的时候，要防止出现断章取义的情况，也要防止在从史料中抽取信息的时候，因为不完全的信息，导致了经验上的偏差，进而导致与历史的真相背道而驰。

第三，在对相关人员进行访谈的过程中，要注重运用现代化的技术，对历史资料进行全面、客观的记录与整理。因为获得口述史的渠道具有一定的特殊性，被采访人都是以口头讲述的方式，来保留自已对某一段历史的记忆。如果采访者只使用一种笔录的方法，那么在速度上就很难与讲述者保持同步，还可能会出现遗漏或记录错误的问题。所以，还需要借助录音、视频等手段进行辅助，同时，所记录的数据可以作为原稿长久地保存。另外，在完成访谈后的采写时，最基本的原则就是不要对访谈内容做任何主观的添加或删除。这样，我们就可以从叙述人的角度，去提炼信息，去辨别证据的价值，而不是以整理人的角度去使用历史资料。

2. 区分史料的类型

在整理已有的历史资料之前，有必要先区分已有的历史资料种类。从其表达方式来看，可分为文献史料、影像史料、实物史料、口述史料等。文献史料是历史中最为重要的一部分，它通常以文字的方式来记录，它可以是以纸张作为载体的史书、报刊、日记、笔记、档案、书信、地方史志、文书、族谱、契约、账簿等，也可以是以其他材料作为载体的甲骨文、金文、碑铭、简牍等，还可以是以电子媒体作为载体的邮件、短信等。影像史料在历史教育中的地位日益突出。实物史料是史学研究的重要组成部分，它通常可以划分为器物、建筑、遗迹和遗址。最近几年，口述史料得到了越来越多的关注，并且得到了很大的发展，它通常包含了回忆录、采访记录、神话传说、史诗等。在历史研究中，当事人或亲身经历过的人的口述回忆起了非常重要的作用。但是，由于它是回忆，它的缺点也非常显著，所以在运用之前，必须要对它进行系统而精确的鉴别和相互印证。

为了更高水平地学习和研究，学生们也必须知道，根据其表现形式，也可以根据史料的价值，进行重新分类。从历史事件发生的当时，历史事件是否被当事人或目击证人，以及历史事件本身的遗存来区分，历史事件可被划分为原始资料和非原始资料。依据史实对考证、证实史实的价值，史实可以将史实划分为直接史实和间接史实两类。按照编者是否具有预先设定的目标，如有意识的人为策划或无意识的自然而然泄露等，还可以划分为故意的史料和非故意的史料。值得注意的是：

第一，由于受制于被调查者的年龄及其他方面的原因，口述史料中的回忆录、访谈录是当代史学的重要组成部分。而且，它的主观性很强，不仅有回忆者的主观因素，也有采访人、整理人的主观因素，在运用方法上要格外小心。

第二，现在拍摄的电影、电视剧，写成的史学论著等，尽管它们都可以归为影像史料或文献史料的范畴，但它们必须以具体的历史问题为依据，从作者所生活的时代和立场开始，按照史料的价值对它们进行分类。

第三，根据史料价值对史料进行的分类，并不是一成不变的，而是要结合特定的历史问题进行分类，可能要在提取史料信息、对史料进行辨析之后，才能对其进行区分。

3. 从史料中提取有效的信息

在史料实证过程中，抽取史料信息的步骤非常重要，它不仅能够为鉴别史料的真伪、判定史料的证史价值提供基础，还能够为利用史料进行实证提供佐证。历史资料的抽取有很多种方法，大致可分为“读内容”和“看来源”两步；联情境，识动机，抽取更深层次的资讯。“读”是首要步骤，即阅读历史资料的内容、来源，并从中提炼历史资料的外在信息。“识”为第二个步骤，即要把历史资料放到特定的时间背景中去思考，并识别出历史资料撰写人的目的。只有将这两个因素结合在一起，才能揭开这一现象背后的历史真相。

4. 辨析史料的真伪

从史料中提炼出的信息，不但可以用来研究历史，而且可以用来鉴别史料的真伪和优劣，在鉴别史料的方法上，明朝胡应麟提出了“辨伪八法”，近代梁启超提出了“十二条原则”，这两种方法都是对前人的经验进行了很好的总结，而且很实用。但是，在日常的历史学习与研究中，通常以史料中所包含的信息为依据，可以采取以下几种方式：一要确定史料的来源，对于没有确凿来源出处的史料，要查不到它在被运送或使用的过程中，会不会因为人为的增减而导致错误或作假。二要对史书的内容进行考据，就是把史书的内容同历史事实相比较，看看是否有什么不一致之处。三要多形式的历史资料相互印证。四要对科学技术做更多地考虑。

5. 判断史料的证据价值

在辨明史料真伪的基础上，分析判断史料的证据价值可以分为判断史料证据价值的高低和判断史料证据价值的表现两个部分。

（1）判断史料证据价值的高低。

这就要求我们注意四点：首先，我们可以根据史料的种类进行判断，比如，在通常情况下，原始材料比非原始材料具有更高的证明价值，而实物材料则比文献、影像等史料具有更高的证明价值。不过，这也不是绝对的。其次，我们要确定我们所要研究的对象，因为我们所要研究的历史问题，将会决定我们所要研究的事实。比如康有为和梁启超等人的合照，是不是都没有用呢？这能证明什么？对于维新时期光绪帝与康有为及梁启超之间的关系而言，相片的证物价值并不大，甚至可以说几乎是不存在的。从摄影的角度来看，无论是摄影技术的发展，还是摄影工作者的主观目的，摄影作品都具有很高的证据价值，可以作为原始材料，也可以作为直接的证据。由此可以看出，即便是经甄别后认定为“伪作”的史实，仍有一定的史料价值，其价值大小取决于所要研究的具体历史问题。再次，要区分史书著述的主体目的，以确定史书的可靠性与有效性。清朝的史家章学诚曾经指出，史家不仅要有史才、史学、史识，更要有史德，否则就没有人会相信史书。所以，对于相同的历史问题，有意识的史料所具有的历史证明价值，通常要比无意识的史料所具有的低。例如，要想对抗日战争中国社会有更多的认识，单凭两份《支那事变画报》的封面，和同期的战地记者、第三人所拍的图片，就无法形成足够的证物价值。最后，也可作为史料考证之依据。对于同一件历史事件，史料的真实性必然会影响到它的证据价值。

（2）判断史料证据价值的表现。

通过对具体研究对象的分析，我们可以看出，在历史文献中，不同种类的历史文献中，其证据价值的表现也存在着一定的偏重。比如，一般的史书、档案、文书、地方史志、族谱、甲骨文、金文、碑铭、简牍、古地图、古画、器物、建筑物、遗迹、遗址等，它们大部分都是由当时代或相近时代的人所记录的，它们的证据价值主要体现在具体承载的内容与历史事件之间存在着直接的联系。而对于小说、诗歌、流行歌曲、漫画、宣传画、新闻、日记等史料来说，它们所具有的证据价值，主要是因为它们的具体内容，与史料作者的立场、主观看法、影响范围内的人们的心理、当时的社会情况等都有直接的联系。

6. 选取适恰的史料进行实证

（1）选取适恰的史料。

当我们使用史料来证明事实时，一方面受到时间和条件的限制，另一方面也因为历史文献不可能被完全利用，所以选择合适的历史文献来证明事实是非常重要的。这不但关系到是否能在课堂上解决具体的历史问题，也关系到学生在课余时间里，如何自主地学习和研究历史，甚至是对社会现实问题的关注，都会影响到他们对史料的选择。所以，必须遵守以下四个最基本的原则：第一，不同的学校以及同一所学校，不同的年级，不同的班级，不同的学情都是不相同的，只有在针对不同的学情的基础上，选取合适的史料，才能使学生逐步地学会使用史料来进行实证。主要表现在历史文献的阅读难度，是否符合学生的认知特点，是否能有效地调动学生的学习热情。第二，因为被考察的对象不同，其证明的历史价值也是不同的，这就要求我们从所考察的历史问题中，挑选出最有价值的、最接近的材料，而不是“眉毛胡子”一把抓，随随便便就用。第三，尽可能多地选择不同类型、不同角度、不同来源的史料，进行相互印证，以达到从多个角度去认识真实的目的。第四，要从达到教学目的的要求出发，选取有代表性的素材。

（2）运用史料进行实证。

说到实证，首先是一种意识，就是面对历史或现实问题不轻信、不盲从，可以有积极收集证据获知真相、解决问题的意识和精神。它也是一种手段，是在讨论史实与实际问题的时候，可以利用史料来证明自己的观点，然后可以理解证据链在实证中的作用，从而可以在独立探究历史和实际问题的时候，利用史料来讨论所探寻的问题，这是一个从模仿、学习到主动探究的过程。在前两个环节中，教师可以在如何从史料中获取证据、如何构建证据链、可以用哪些关键词来证明观点等方面对学生展开指导，进而为第三个环节中的学生主动探究打下良好的基础。

（二）落实史料实证核心素养的教学策略

在中学历史课堂中贯彻与落实史料实证素养的培养，教师可以结合教学内容，根据学情，从以下几个方面出发，制定适合的教学策略。

1.“实证”重法

在历史实证性教学中，应根据学情选择合情合理的教学方法。能让学生在实践中感受和理解史料的应用。比如，为了让学生了解在采集口述史过程中可能存在的问题，教师让学生做了一个小实验：要求一个学生在现场口述回忆昨天某一节课上的经历，同时要求另一个学生做笔记。结果就是，在这位学生的讲述中，经常会有学生插嘴，指出其中的不一致之处，甚至还会引发学生之间的争执。而那些正在做笔记的人，却根本跟不上他们的速度，尤其是在他们吵得不可开交的情况下，更是让他们手足无措。这个实验很直接地向学生们展示了一个事实，那就是即便是回想起了昨天的事情，他们的记忆也会有一定的偏差。而且，在收集历史数据的时候，口述者经常会在时隔多年之后回想起那一段时间，所以，他们的记忆以及个人的主观认知，都有可能影响到口述史的可信度。而且，记录的人有没有记录，都会让口述资料的可信性受到质疑。所以，如果一部口述历史不能被证实，那么它的真实性就会受到很大的影响，所以，在口述历史的记载和使用时，一定要注意方式和方法，不要把它当成“信史”来使用。

2. 合理规划下的螺旋式上升

培养学生的史料实证素养不是一朝一夕的事情，学生的认识需要一个过程，因此，对学生的指导和培养也需要合理规划，层层递进，以螺旋上升的方式提升教学效率，达到教学目标。比如，高中的历史课本，就是从中国人的祖先，以及中华文明的起源入手，因为那个时代的文字还没有被找到，所以大部分的资料都是来自后世的文献、遗址、考古成果和神话故事。所以，可以在一开始就制订好单元的教学计划，以教师的示范为主要内容，对学生展开初步的获取史料的途径分类、史料的辨析方法和史料证据价值意识和方法的培养。然后，在以后的教学中，一步一步地、循序渐进地引导学生去模仿。当学生模仿过程中遇到困难时，教师应及时调整教学方式，重新进行示范。在此过程中，教师必须事先做好规划，并将其贯穿于整个教学过程，使之成为一个螺旋上升的模式。比如，在张骞的西域之行中，很多教师都会选择一幅唐朝时期的敦煌壁画作为教材，让学生们对这幅壁画的历史价值有一个清晰的认识。从班上学生们的反应来看，大部分人都能看出，这幅画并不是张骞在西汉武帝时去西域的原作，也不能作为张骞去过西域的直接证据。可见，在前期教学中，教师已有较好的辨别历史资料的基础。这个时候，教师可以让学生们进一步思考，虽然这幅画并不能证明张骞去过西域，但既然是教科书上的一幅画，那就说明这幅画也有一定的参考价值。这样就围绕着唐初人民对于张骞西行这一历史事件的了解，从而为这节课讨论张骞西行这一历史事件所产生的影响做了铺垫。通过本课程的教学，可以帮助学生逐步理解史料的历史意义，并在此基础上不断提升对史料的认知。

3. 理性实证与人文关怀辩证统一

史料实证的核心内涵在于其科学性。选择什么样的史料，怎样构成证据来进行实证，论证时的逻辑又是怎样的，这些问题都属于实施史料实证所要考虑的范围，也是其合理和严谨的表现。人文关怀是一种对人的生命、尊严、价值、情感、自由的追求，与对人的全面发展、人的生存状态及其命运、幸福密切相关。在中学历史的教学过程中，既要进行理性的实证，又要注重人文关怀，科学的学习方式既要符合人类本性的文化观，又要考虑到人类本性的合理性，只有这样，才能对学生的情感态度和价值观进行培养。在还原历史真相的同时，我们也要体谅事实，体谅历史。

第四节 历史解释——历史学科核心素养中对历史思维与表达的要求

一、历史解释素养概念的把握

从史学与解释学的发展史来看，历史解释的探索是一个很长的历程。由于史学的科学性，所以在阐释历史的时候，必须采取一种严谨科学的态度，不能依靠主观的直觉和想象，而是要依靠史料；要进行理性的分析、客观的评价，不要随意地阐述。但是，史学并不是一门自然科学，所以在对历史进行解释的时候，要将历史研究对象的特殊性、历史结论的不确定性和多重性、历史解释方法的局限性和多样化、讲述语言的学术性和活化性、历史概念、理论和法律的适用性等因素考虑在内，在历史教学中，要注重历史知识、历史思维和历史表达的三位一体。

历史解释概念阐释中的“追求历史的真实”在中学历史教学中有时会被理解为“复原历史的原貌”，“历史教材”正是“复原”后的结果，它是一种“客观性的历史”。让学生背诵和复述历史课本，这是中学历史教学的主要任务，学生复述得一字不差，这就意味着学生所掌握的历史是客观真实的。这样的认识并没有意识到，教科书是文本，它不是历史，而是一种解释，一种完全客观的历史消失在了历史的时间和空间里，因此，高中历史教学不仅要关注过去，还要关注现在、关注将来，更要关注“历史真实”。在高中历史教育中，“真实”的历史教育应从“过去”“现在”和“未来”三个方面去挖掘，培养学生的“历史”思维。

历史解释需“以史料为依据”，在中学历史教学中有时被理解为对历史教材的“史料再现”甚至考证。一节历史课由无数个支离破碎的史实碎片的堆积和诠释，这就导致了课程的主题不明确，课程的中心思想很难突出。这样的认识并没有意识到，任何一篇文章都是在特定的情境中产生的，要想真正了解一篇文章的含义，就必须重新构建一个情境，因此，一堂课很难为每一篇文章提供足够的背景知识，让学生去熟悉它的内容，往往是死记硬背，望文生义，看上去是“论从史出”，其实还是“论从师出”。“以史料为依据”有时候会被理解为“史实不言自明”，认为只需要提供史料就可以了。比如，播放一段历史事件的视频，学生在观看后就可以直接获得教师所期望的历史知识。忽视了对历史的理解，以及对历史的解读，都需要人的积极主动的参与。当学生在阅读、观看了一段历史之后，教师要对学生的理解有一个预设或期望，不要让学生去发散地、随意地去理解，要有一个适当的问题来指导，因为学生脑海中的“前见”对他们理解新的历史资料来说，可能是一座桥梁，也可能是一道屏障。

对历史解释需要进行“理性分析”，在高中历史教学中常常被认为“单纯地对历史材料的结构、字句进行理性分析”，认为通过理解词语的含义，就可以掌握历史的真相和历史的内涵。这一认识既符合当前高中历史教学的需求，但又不够充分，特别是用这一认识来指导学生撰写历史小论文，并没有达到最高的评分标准。其实，通过理性分析要获得的历史意义，并不只是对历史材料原意的再现和复述，还需要从作者创作的动机或材料诞生的因素、条件等角度展开分析，探寻历史的意义。在历史解释中，“理性分析”往往被认为是在对史料进行分析时，需要彻底地排除解释者的主观情绪和偏见，这是将历史学作为一门自然科学来传授的“科学化”之后出现的一种现象。一方面，这对培养学生的求真精神和逻辑思维有好处，但另一方面，它却忽视了历史学的人文特性，使中学历史教学所担负的培养情感、态度、价值观的任务变得模糊。事实上，这样的“理性分析”也是一种理想主义，要求学生在完全不带感情、不带偏见的情况下去阅读资料，也缺乏可操作性。在历史解释中，所谓“理性分析”，就是通过对“自然”的分析，才能获得历史的真理。这样一种认识，即没有认识到用自然科学的方法（例如，归纳法）来解释历史，尽管具有普遍性，却有其自身无法克服的缺点。由于史家不可能收集全部资料，所以当发现一个反例时，必须对其修改，即造成了历史结论的不确定性；对于相同的历史问题，由于不同的史家所收集到的史料的差异，得出的历史结论也是大相径庭的，而历史的一维特性使其得出的结论很难得到证实；虽然所收集的史料都是一样的，但由于观察角度不同等原因，所得出的历史结论往往不尽相同，很难加以鉴别和证实。

二、高中历史解释核心素养的实施路径

（一）构建历史解释核心素养的目标

从方便历史教学和学生学习考虑，我们将历史解释的能力素养分为如下四个方面：①对“他人”的历史解释拥有辨别的能力；②对“他人”的历史解释拥有评析、阐释、验证的能力；③对历史或现实问题提出“自己”的解释的能力；④历史表达能力。

1. 对“他人”的历史解释拥有辨别的能力

（1）能够区分历史叙述中的史实与解释。

课程标准将“能够区分历史叙述中的史实与解释”列为第二层次，学生不仅要能分辨出历史教材中某章节哪一段是史实陈述，哪一段是主观解释，哪一段兼而有之，还要能对教师提供的补充阅读材料做史实和解释的区别。这些补充资料中，有的是历史事实的叙述，有的是前人对历史事实的诠释，有的是作者自己的诠释。学生要能够从不同的角度对

其进行区别，既要能够从作者的角度对同一段历史叙述进行区别，又要能够从读者的角度对其进行区别，分别出哪一种是解释，哪一种是史实；他们的答案可以是一样的，也可以是不一样的，这要看所描述的内容而定。

（2）能分辨他人不同的历史解释。

课程标准不仅要求学生具备辨别史实与史学解释的能力，而且要求学生能够辨别别人对史学的不同解释。由于历史阐释是多元的，对于同一个问题，仁者见仁，智者见智。课程标准对这一能力进行了再一个层级的划分，最低层级要求学生能够发现教材、教学中的历史诠释“与过去所知的历史诠释的相似性和差异性”。对于中学生来说，历史教材中的用语是比较容易理解的，但是对于很多课外读本来说，还需要克服语言修辞、表达形式、文化差异等方面的障碍，才能找到差异之处。因此，课程标准在考虑到它的难度之后，将它设定为第三层次的要求。

2. 对“他人”的历史解释拥有评析、阐释、验证的能力

（1）能从所学习的知识中，分析历史上的结论。课程标准对高中学生提出了客观的分析、评价，证实和说明别人这样做的理由的要求。这一方面的能力，也可以按照难度来进行层次划分，最低的层次是“能够对所学内容中的历史结论加以分析”，也就是能分析、判断所学内容中的历史结论是否合理，决定是否认同、迁移，并能提供判断的依据。

（2）能对相关历史结论进行分析。第二个层面是在课堂之外，对相关历史结论进行分析的能力。课外的历史结论由于语言、修辞、语境、文化等因素，给学生的理解带来了困难。

（3）能够试图从来源、性质、目的等几个角度，阐述并评价造成不同解释的原因。课程标准将“尝试从来源、性质和目的等多个方面，对导致这些不同解释的原因进行解释并加以评析”列为第三个层次，要求学生在对历史解释多元性的认知和对不同解释进行分析比较的基础上，可以对别人的解释进行客观公正的评价，列举出做此评价的史实依据，并从多个角度对造成相同主题不同解释的原因进行探讨。这就需要高中生有较强的历史知识储备，有较强的批判性思维。

（4）在对史学问题进行独立研究的同时，也能尽量利用史料，对以前的假设进行检验。课程标准所要求的最高水平，是“能够在独立探究历史问题的时候，在尽可能获取史料的基础上，尝试对以往的假设进行验证”，也就是可以将大量的史料作为依据，对他人提出的假设展开证实或证伪。因为历史事物受到一定的时空环境的限制，所以用它来作为证据来验证假设，需要对其时空的特殊性、反例存在的可能性、多因一果的复杂性、证据的充足与否等因素进行考量，这就给学生对假设的验证设置了很多的障碍，对他们的能力提出了很高的要求。它在本质上与最低层次“能够对所学内容中的历史结论加以分析”类似，都是要求学生对已有观点展开分析，判断其合理性，并提供史实依据来证明。只是，在课程中，历史结论在教师的讲解下，比较容易分析、判断和证明。但是，想要验证假设，就必须阅读大量的史料来寻找证据，并构建出史料与假设之间的逻辑关系。而要做到这一点，就必须要有一个前提，那就是学生们已经阅读了一定数量的历史文献，并且对一些历史学家解释历史的方法有所了解，并能够模仿它们。

3. 对历史或现实问题提出“自己”的解释的能力

课程标准不仅要求学生能理解、辨别、评析、解释他人的历史解释，还要能对历史或现实问题提出自己的解释，有理有据。这一方面的能力要求同样有相应的层次划分。

（1）能对个别或系列史事提出自己的解释。

“能对个别或系列史事提出自己的解释”是历史解释能力总体四个水平等级中的第二个等级。在此，解释的对象是具体的史事，在解释的要求中，“要在选择、组织和运用有关的史料的基础上，运用有关的历史术语来对其进行解释”，也就是要做到论从史出、史论结合，对学生的实证精神进行考查，并要求学生在语言方面要有一定的规范性，要使用一些历史术语。例如，学生必须能够在查找和筛选大量的历史资料的基础上，组织和运用历史资料来解释为什么“中国铁路的命运如此坎坷”。按照教学的需要，对个别或系列史事进行解释，可以将其再细分成两个层次，分别是：解释个别史事和解释系列史事，比如“通过分析比较三大早期资产阶级革命的基础上探寻近代制度文明的发展趋势”“回答什么是革命”等，其难度通常比解释个别史事要高。

（2）能够尝试从历史的角度解释现实问题。

卡尔认为，历史就是一场永远不会结束的当前和过去的对话，而它的目的永远都是为了将来。克罗齐把所有的历史称为现代的历史。这一切都说明了历史和现实之间的联系。新课改对学生提出了新的要求，即“能用史学的眼光去看待现实生活中的问题”和“能用史学的眼光来看待问题”。例如，从历史的视角解读“一带一路”的意义，要求学生既要从古丝绸之路的意义上去思考它的文化象征意义，又要从现代的铁路建设，苏伊士、巴拿马运河的开通，以及区域一体化、经济全球化的发展等方面去思考“一带一路”的意义，以及可能出现的风险，并提出相应的对策。

（3）能在充分掌握历史资料的前提下，进行独立研究，做出新的诠释；能以正确的历史观与方法，对历史与现实问题进行全面而客观的分析。课程标准将“能够在独立探究历史问题时，在尽可能获取史料的基础上，提出新的解释”“能够在正确的历史观和方法论的指导下，全面、客观地论述历史和现实问题”列为四大水平层次中的最高层次，也就是第四层次。确实，它对历史解释的新颖性、质量、方法、表达等方面都有明确的要求，对中学生来说，这是一项非常困难的工作，需要以掌握大量可靠史料、熟知史学家已有的历史解释、另辟蹊径、发挥创造力并能进行合理论证的基础之上。

4. 历史表达能力

《普通高中历史课程标准》强调学生要在掌握历史知识的基础上拥

有历史表达能力，要求学生能通过多种不同的方式“描述”过去，即能讲述、叙述、概述、论述历史。在描述历史的能力方面，与以前相比，新的课程标准着重强调了口语表达能力，也就是把历史讲出来，并对此做出了明确的规定：在结构方面，要求学生要有条理地讲述历史，不能把故事讲得乱七八糟。在讲述历史的能力方面，新课程标准要求学生在讲述历史的时候，能够抓住与历史发展有关的各种联系，比如古今联系、中外联系等，并且能够将历史知识与其他相关学科，比如地理、语文、艺术等知识进行联系。在概括历史的能力方面，新课标对学生提出了概括历史过程的要求。如果教师或者教材中已经有了总结，那么学生就可以比较轻松地大致勾勒出历史的进程。如果教师提供阅读材料，或者是在学完某一章节后，让学生独立概括，这种情况下的能力要求相对较高，因此需要教师指导学生掌握概括技巧，比如省略修饰语，组合历史要素，运用更高层次的历史概念、命题等。在论述历史的能力方面，新课改对学生提出了新的要求，要求他们能够在正确的史观与方法的指导下，对历史与现实进行全面而客观的论述。也就是要求学生可以展开历史课题研究，或者可以撰写历史小论文。在论述的时候，要观点明确、史论结合、论证全面、结构合理。这四个方面的历史表现能力都是有侧重的，但又是相互关联的，在发展的过程中，可以逐步进行，并和语言和其他科目一起发展。

（二）落实历史解释核心素养的教学策略

历史解释素养的习得需要长期的熏陶和培养，分课内与课外两种方式。课堂内的历史教学可采用教师示范、学生模仿与迁移的策略和材料铺垫—问题引领策略。课堂外可采取任务驱动的策略。

1. 教师示范、学生模仿与迁移的策略

在课堂上，教师的示范、学生的模仿和迁移的策略不仅可以被应用到一节课的教学设计中，还可以被渗透到高中历史的整体教学计划中。《新课标》提出了“新课标”要求。主题历史一般各章节的内容较为接近，具有较强的系统性和可比性，教师示范、学生模仿和迁移的教学策略相对较易实施。但是，通史通常是以时间顺序来进行排列的，章节之间的联系也是比较复杂的，在一节课之内，或者是在一段时间之内，或者是在连续的两三节课之中，能够供学生进行模仿和迁移的内容比较少，所以在通史的新课教学中，运用这一策略更需要进行统筹安排，循序渐进地进行。教师应该拥有对历史问题进行历时性与共时性研究的意识，将教师示范、学生模仿与迁移的课时跨度拉长，让学生温故而知新。

在运用这一模式进行教学的时候，教师要告诉学生，自己所演示的内容并不都是可以模仿和迁移的。具体的历史人物、事件、现象等历史事实，因为受到了时空环境的限制，它们呈现出了独有的特征，所以它们是不能迁移的。但是，对这些历史事实进行解释的方法、价值观、史观，甚至是一些历史结论或观点，都可以脱离时间和空间的限制，从而进行模仿和迁移。如果没有这样的认识，就很难举一反三，给出自己对历史的理解。比如，教师在讲述英国资产阶级革命的历程时，告诉学生“概括历史发展的基本历程”，可以按照以下思路进行思考：①确立时间和空间的构架；②选取对历史进程有重要作用的事件、现象、人物等，以这些事件为时间节点，进行时间序列的划分；③对选定的重要事件和现象赋予历史意义，特别是对其与所述历史过程的联系进行阐述，如有需要，还可以对影响历史过程的因素进行简要描述；④对历史过程中的一般特征和发展趋向进行总结。在缺乏教学方法的情况下，学生只能在单纯地记住英国资产阶级革命的历史事实，很难模仿和移植到其他历史进程的概括中去。当然，如果只是告诉他们大致的历史过程，而不提供具体的例子作为基础，学生也会很难理解、模仿和迁移。教师可以举英国资产阶级革命的例子，告诉学生，要用思维导图或表格来说明历史，要从追根溯源、理清脉络、分析人物、诠释因果、看趋势、判断状态、分析特征、说明影响等方面来说明，这样，在美国革命、法国革命等方面，就可以仿效，而在辛亥革命等方面，就可以把这些知识转移到其他方面。与此同时，还告诉学生要注意，历史事物是有独特性的，不会完全是一成不变的，在进行迁移的过程中，应该注意具体问题具体分析，要灵活应变，不能照搬照抄。

2. 材料铺垫—问题引领策略

历史解释素养培养的根本目的是培养学生的历史思维。材料铺垫—问题引领是一种可以避免枯燥无味的史实记忆、培养历史思维方式的一种有效策略，这种方法可以帮助学生将现有的历史知识进行激活，帮助他们解决新的历史和现实问题，从而形成问题意识。

材料的铺设方式多种多样。因为历史事物的复杂性，所以在短期之内，学生们很难对复杂历史事物的性质、意义以及事物之间的相互关系有一个全面、深入的了解和把握，经常会出现一鳞半爪、浮光掠影、生吞活剥的情况。但是，因为学生的学习是一个动态性的过程，所以，在不同的阶段，在不同的知识储备情况下，相同的学生会对相同的历史事件或者相同的一段材料，产生不同的理解。对内容相同、形式相异的材料，学生因为思考角度、兴趣的不同，对它们的理解也会大相径庭。所以，教师可以根据不同的时间、不同的情境和不同的教学目标，采用不同的方法来展示材料。教学内容可以是教师和学生的口述，也可以是实物、音像、录像等资料；它可以作为一本历史教科书，也可以作为一本课外书籍；可以是新的材料，也可以是在学习一段时间后，将以前使用过的材料再次呈现，还可以是将所学历史知识归纳重组后作为材料呈现。简而言之，要想在一节课程中让所有的学生都能对他们所学习的历史知识做出一个全面而深入的理解，这是一件很不容易的事情，需要从一个发展性的、多样化的角度来考虑，并对素材的选择和问题的设计进行考虑。

对素材的选择以及问题的设计与引导，主要以学生已经有的认知结构、教学目标为依据，应该将帮助学生达到课程标准中的学业质量标准作为最终目的，不能仅仅是单纯的知识性的提问和解答，还要在思维方法方面展开更多的问题，在对学生思维特征的理解的基础上，对其进行更多的引导，培养学生的历史思维。以下以“英、美、法资产阶级革命”的内容加以说明，并不是所有的思想，都要学生一次就能完全理解，完全掌握，完全运用，而是要学生在不同的历史章节，不同的时间，用不同的材料，反复地发问，反复地练习，才能领悟，才能运用。

3. 课堂外的任务驱动策略

在课余时间里，我们可以通过任务驱动的方式，让学生掌握自己的知识，在一定程度上，它就像是教师示范、学生模仿和“迁移”的过程。任务的形式可以有很多种，比如，利用中学生综合评价系统对志愿者服务的需求，鼓励学生到历史场馆进行现场讲解，从而提高他们讲述历史的能力；提倡学生团组织的活动和主题班会，在升旗仪式上讲演，学生辩论赛中选择与历史相关的主题，让学生从历史的视角来解读当前的社会热点问题，以正确的价值观、历史观来认识历史和实际问题，从而培养出自己的社会责任感；组织学生写出历史影视观后感和有关历史著作的读后感，其中渗透着对历史人物、事件的评价标准、方法和史学方法的指导，让学生在阅读史学著作的过程中，体会到史学家解释历史的方法、视角和寄寓的情绪，从而在不知不觉中学会历史解释的策略、客观公正的态度与正确的是非标准。

借助学生综合素质评价系统，鼓励学生选择与历史有关的课题，开展历史课题研究。通过阅读，模拟学者的提问，或根据实际情况从历史学的角度来进行调查。如果学生所选的主题是怎样认识到对一个历史问题的不同的解释，那么可以指导学生从作者的身份、时代环境、创作动机、认识水平、史料的来源与可信度、研究方法、修辞特点、关注视角、内容等多个方面进行分析、比较、评价、诠释，进而鼓励学生在分析比较已有解释的基础上，另辟蹊径，独树一帜，从而形成自己的历史解释。如果学生选择的是一个现实问题，可指导学生尝试从历史的角度来诠释，既要查阅史料，追溯该问题历史上的沿革，探究历史上的经验教训与当代价值，也要注意历史和现实的时代差异、地区差异，避免盲目因循迁移、缺乏整合创新，培养学生的社会责任感和从历史中汲取智慧的意识。

第五节　家国情怀——历史学科核心素养价值追求的目标

一、家国情怀核心素养的概念把握

（一）他国的借鉴和参考

“家国情怀”一词虽为我国所特有，但从其内涵上看，爱国、爱家、传承文化传统等方面，已在许多国家的基础教育历史课程标准及实践中得到了反映，其中有许多值得我们学习的地方。

例如，美国中小学开设了关于美国精神教育的课程，其中包括历史、人文和公民课程，在讲授知识的同时，也渗透着美国精神与民族文化的教育，透过历史与地理学，学生认识到美国人的传统与国家的发展等。特别是，美国一般人把历史课视为一门带有民主性的学科，把它作为一门爱国主义教育的最佳途径。研究发现，研究历史可以帮助市民融入社会，还可以培养他们的爱国情怀，培养他们对美国的忠诚。近几年，一些学者提出，纵观美国近代中学历史课程，其最终目标是培养与社会相适应的公民，从“帮助人们了解现实问题”转变为“为解决现实问题”的价值观和思维方式，并随着社会的现代化，逐渐成为公民核心素养的重要组成部分。从培养适应和重建民主社会的公民到培养理性爱国和对美利坚的认同的公民，这一过程也发生了很大的转变。此外，法国的公民教育也着重于对历史的研究，其课程涵盖了从法国革命至近代的各个时期。透过历史的学习，让学生们认识到共和国的艰辛历程，伟大的革命精神，以及法兰西灿烂的文化，并培养他们的民族自豪感与认同感。在韩国，国家历史已清楚地指出："国家历史"是一门阐释国家精神与生命的学科，对于国家整体意识的培养起着举足轻重的作用。

（二）家国情怀教育与民族精神教育、传统文化教育

家国情怀是中华民族的文化基因。在中国人心目中，家为小国，国为万家，每一个人的生活经历都与家、家族、国家紧密地联系在一起。从个体到家族，从家族到社会，从社会到国家，从国家到世界，这是中国人独特的一种社会价值逻辑。从"家"开始，个人、家庭、团体、国家、世界等都是一脉相连，共同支持着我们的理想。中国人的家国情怀，已是中华民族源远流长、源源不绝的文化基因。

家国情怀是民族凝聚力的心灵基础。中国人的家国情怀，主要表现为对民族团结和民族强盛的认同。每到国家面临危机的时候，就是显示出家国情怀的时候。许多人舍小家顾大家，舍己为人，救亡图存，慷慨赴死。从远古到现在，中华民族能够在风雨中涅槃重生，中华文明能够延续几千年，这份深深扎根在民族文化血液中的家国之心，是不可或缺的。所以，在我国的历史教学中，对学生进行家国情怀的教育，既是对中华优秀文化的一种教育，又是对学生进行爱国主义教育的一种不可缺少的内容。

（三）在国际视野下把握家国情怀教育

将家国情怀核心素养贯彻到历史教学中，旨在培养学生对国家的高度认同感、归属感、责任感和使命感，以服务于国家强盛、民族自强和人类社会的进步为使命。国际视野主要指的是使用一种全世界的开放意识和全球眼光，站在全球和人类的制高点上，对国际和国内问题进行对比和反思，并在此基础上所具备的一种态度、观念和思维方式及行为准则。在全球化条件下，"家国情怀"和"世界眼光"是当代大学生培养的两大价值取向。首先，对学生进行国际视野的培养，必须建立在

"家国"的基础上。了解中国的历史与现状，关心中国的前途，基于这一点，我们才能更好地理解世界的现状和变化，关注世界的发展。其次，要在全球化的背景下，积极吸纳外国文化，使自己的民族文化得到更新和发展；家国情怀应当是具有优良文化传统的情感，它既是一种能够有效地维护国家个性、维护国家尊严的情感力量，又是一种基于"本土文化"并吸收"外来文化"精华而产生的具有创造性的情感力量。最终，"家国情怀"和"国际视野"是一体的，二者并不相互分离、相互隔离、相互排斥，而是相互融合、相互依存、相互促进。所谓"国际化"，并不意味着对异域文化的盲目接纳，而是要把它扎根在一个宽广的社会、历史和文化背景中。"立志于天地，立志于苍生，立于不败之地，承前启后，开万古太平"，这就是中国人对这个世界的看法。当一个人将自己的成长与家庭、民族、国家乃至整个人类的命运紧密地联系在一起时，他就有了与世界接轨的气度和眼光，他就是一个具有家国情怀和国际视野的人。

二、高中家国情怀核心素养实施路径

（一）解读家国情怀核心素养的内容

《普通高中历史课程标准》明确提出了"家国情怀"这一核心素养的目标是：通过对中国国情的历史理解，建立一种对国家的认同感，树立一种对国家的正确看法；要能理解中华民族"多元一体"的历史大势，对中华民族产生认同，树立正确的民族观，树立起民族自信心与骄傲；对中华优秀传统文化、革命文化、社会主义先进文化的理解与认同，对中华文化的历史价值与实践意义有深刻的认识；认识世界历史发展的多姿多彩，认识并尊重世界各民族、各民族的文化传统；对社会主义核心价值的认识，对中国特色社会主义道路以及对中国特色社会主义都有深刻的认识。可以建立一个积极的生活态度，形成一个健康的人格，建立一个正确的世界观、人生观和价值观。

基于以上论述，我们认为，在历史学科中对学生进行家国情怀核心素养培养，重点是要对学生进行政治认同、国家意识、文化自信和国际视野四个方面的教育。

1. 政治认同教育

政治认同教育的目的，就是要使学生们对党的领导、科学理论、政治制度、发展道路，以及社会主义核心价值观，形成认知认同、情感认同、意志认同与行为认同的统一，坚定理论自信、制度自信、道路自信和文化自信，进而达到对党的领导认同的目的。从认同的角度来看，主要表现在认同党的领导，认同科学理论，认同政治体制，认同发展道路等方面。

对党的领导认同，就是要使学生们从具体的历史认识中，了解中国共产党的创建和发展过程，了解全国各族人民进行革命和建设的伟大成就，了解共产党人的光辉事迹，从而认识到中国共产党在中国人民革命事业中的领导地位，理解“没有共产党，就不会有新中国”；确立中国共产党是中国近代化发展的必然选择；体会中国共产党在进行武装斗争时所经历的艰难困苦，以及在革命道路上所经历的艰难困苦；对中国共产党的坚韧不拔与政治智慧表示钦佩，对“得民心者得天下”这一历史哲理表示赞同；感受中国共产党的探索精神，以及其在社会主义建设中的辉煌成就。

对科学理论的认同，就是要使学生对马克思主义的诞生以及它的主要科学理论成果有更多的了解，马克思主义对人类社会发展的规律进行了深刻的揭示，它能够坚决地维护和发展最广大人民的根本利益，是指导人们推动社会进步、创造美好生活的科学理论。通过对中国近现代历史的研究，认识到马克思主义的普及是中国共产党建立的思想基础，认识到马克思主义是怎样同中国革命、建设的实际相结合，认识到马克思主义在中国化、时代化、大众化进程中所产生的两个重要的理论创新成果：“毛泽东思想”和“中国特色社会主义”；理解这一科学理论，就是坚持并发展了马列主义、毛泽东思想，“三个代表”，科学发展观，习近平中国特色社会主义思想；从实践、理论、民族和时代四个方面来理解中国特色社会主义的重要性，并从实践、理论、民族和时代三个方面来理解和把握这四个方面的问题。

对政治制度认同，就是要使学生在学习世界近代历史的过程中，了解到任何一种有时代性、先进性的政治体制，都是由先进的理论和社会实践相结合，由国家的历史传统和制度革新相结合而形成的。从我国基本政治制度的形成和完善过程中，对它代表人民根本利益的本质特征进行了确认，从而对我国政治制度的基本优势有了更深的了解，从而进一步加强了对我国社会主义民主政治发展的信心，并坚定了制度自信。

对发展道路认同，要从五个方面，即改革开放史、中华人民共和国史、中国共产党史、中国近代史、中华文明史，让学生认识到中国特色的社会主义发展道路的形成过程，并认识到走这条道路是千千万万中国人民共同的选择。认识到改革开放、走有中国特色的社会主义道路，才能使我们的国家走向更好的未来；感受改革开放所带来的社会进步；要认识到个人的命运与民族的命运和国家的命运是紧密相连的，要更加坚定地走好中国的发展之路。

2. 国家意识教育

国家意识教育的目的是使学生了解中国的国家状况，承认自己的民族身份，建立一种对自己国家的认同感，从而能够维护自己国家的主权、尊严和利益。可以意识到中华民族多元一体的历史发展趋势，从而产生对中华民族的认同感，拥有民族自信心和骄傲。其中，国家意识、国情意识、民族自豪感等是教育的重要内容。

国家观念教育是指在培养学生的爱国主义情怀的基础上，指导学生在学习中国古代史书的过程中，了解自秦以来统一是中国历史发展的主流，是由各个民族的人民共同建立起来的，并认识到国家统一的政治、军事和经济的重要性，从而能够自觉地维护国家统一；承认元、明、清三个朝代对建立一个多民族国家所做的努力，承认我们的国土广袤无垠，并在此基础上，自觉地捍卫了自己的国家神圣主权与领土完整。研究中国近代史，是为了抵制以各种理由、各种形式对中国进行的侵略；叹息着国力的衰弱和外交的无助；认识到从1840年起，所有为中华民族的生存与发展，以及为抵抗内外敌而做出的努力与奉献，都是中国人民为实现国家的独立与自由而奋斗的一部分；我们支持中国政府重新拥有香港和澳门的主权，支持中国台湾的回归，坚持“一个中国”的原则。通过对林则徐等民族英雄在近代抗击外敌入侵中的可歌可泣的故事的学习，对他们捍卫国家主权的爱国情怀进行学习，对他们的崇高人格和民族精神进行学习，对他们身为中国人的自信和骄傲进行学习，建立起现代化的公民意识，并对个人与社会、国家之间的关系进行学习，从而创造出一个更加美好的世界。

国情意识教育是指在研究中国古代史的过程中，指导学生了解我国目前的经济、政治、军事、文化、社会、人口、资源、环境等方面的情况。感受中华历史悠久的文化，为我们的祖先在人类历史上所取得的辉煌成就而骄傲。在学习近现代历史的过程中，我感受到了新成立的中华人民共和国在复杂的国际国内环境中，为了巩固自己的政权，实现独立自主的发展，所经历的艰辛，并从中领悟到社会经济的发展应该立足于国家的实际情况，尊重客观的规律。承认改革开放对社会进步的巨大贡献。让学生们更加坚定自己的理想信念，树立起忧患意识、责任意识、创新意识，提高他们的历史使命感和社会责任感，坚定地走上科教兴国、可持续发展和人才强国的富强之路。引导学生将个人的成长与中国特色社会主义的发展和祖国的富强相结合，培养他们承担起建设国家的光荣任务。

民族自豪感教育即从历史的角度，让学生认识到中国是一个多民族国家。领悟到各个民族都是在不同文化的碰撞与融合中得到发展的。领悟到民族团结，是抵御外敌入侵的有力保障；把“中华民族”看作各族人民共有的精神家园；敬仰驱逐荷兰殖民者收复中国台湾的郑成功、虎门销烟抗击侵略的林则徐及一切为反抗侵略，维护国家独立，维护世界和平，英勇无畏的英雄豪杰。中华人民共和国实行民族区域自治制度，是我国实行民族区域自治制度的一项重要内容。让学生们的民族团结意识得到培养，让他们在维护祖国统一、民族团结和反对分裂方面的自觉性得到提升，让各个民族之间的向心力和凝聚力得到加强，从而维护社会稳定和国家统一，实现中华民族伟大复兴。

3. 文化自信教育

文化自信教育的目的是让学生建立并培养对国家、民族文化价值的充分肯定，并对文化生命力有坚定的信心，从而实现文化认同。它是一个民族社会的精神纽带，是一个人生存和发展的精神价值。文化身份的本质就是一个人对自己民族的价值的认同，而其核心就是对自己民族的主流思想的认同。文化自信是一种循序渐进的培育与构建。从形态论的视角出发，优秀传统文化是建构文化自信的历史形态，革命文化是建构文化自信的政治形态，社会主义先进文化是建构文化自信的社会形态。

在优秀传统文化的教育中，应以历史唯物主义的思想为指导，使学生理解中华文明发展史上的重要历史事实与基本线索，尤其是中华民族辉煌的文明史，理解中华文化的本质特征，理解在传承传统的前提下，促进先进文化的建设；在新的历史条件下，要使学生认识到，要从推动马克思主义中国化、推动传统文化的创造性转化和创新性发展、落实开放发展新理念以及深化文化体制改革等几个方面来实现文化自信的提升，而对社会主义核心价值观的自信是文化自信最基本的体现，它是文化自信的凝聚和升华。用中国人在创造文明的过程中所表现出来的坚持不懈的精神状态来培养学生的情操，培养学生对中国传统文化的热爱，传承并发扬中国优良的人文主义传统，培养学生对中华文化的自信心和自豪感。使学生意识到继承和创新文化的重要性和自己肩负的重任；感慨中华文化的包容性和辐射性，对世界造成了深远的影响；认识到西方科技、教育、文化、生活模式对现代中国社会转型的影响；感受中国人在古代、西方，新旧的斗争中，对世界，对自己的认识是多么的迷茫和困难；对近现代思想家的自强不息和积极进取的民族意识和社会责任感表示赞赏；认识到中华文化具有时代特征的新的文化内涵。

在革命传统文化方面，要引导学生们认识到，在中国共产党领导下的革命战争和社会主义建设过程中，革命传统所创造出来的宝贵的精神财富，要使学生们学会一心一意为人民服务的思想，学会实事求是的科学态度，学会爱国主义、集体主义、社会主义、艰苦奋斗的精神；认识在中国共产党的领导下，在革命战争年代井冈山精神、长征精神、延安精神、西柏坡精神、雷锋精神、抗震救灾精神、载人航天精神，这些优秀传统，都是在中国共产党的领导下，在革命战争年代所形成的。要继承和发扬“独立自主，自力更生”的优秀传统，大力弘扬艰苦奋斗的精神；加深为人民服务、为祖国服务的感情，紧跟时代步伐，锐意进取，将革命先辈的革命热情和拼搏精神继续发扬下去。

4. 国际视野教育

在全球一体化的今天，中国正在逐渐走上国际舞台的中心。所谓“国际视野”，指的是在历史教学过程中，要引导学生勇敢地面对世界经济全球化、政治多极化、文化多元化的挑战，要主动地参与到社会生活中去，要适应时代的变化，要始终保持与时俱进、开拓创新的心态，不满足于现状、不僵化、不停滞，培养出锐意进取、勇往直前的优良素质，要有坚定的理想信念，不畏艰险，锐意创新，争创一流，为实现“中国梦”而努力。“国际眼界”教育包括“国际了解”教育、“国际交流”教育和“和平发展”教育。

国际理解教育的重点在于，通过对世界古代历史的学习，学生对人类文明的进程和世界发展的动力有更深刻的认识，对世界文化多元起源、发展的历程有更深刻的认识。认识到，古代世界基本是以各个地方各自发展为主体的区域性文明，文明起源的多元性和文明发展的多元性是该时代历史发展的一般特点。加强对文化多元接纳的意识和态度，认识到各国家、各地区、各民族都创造出了优秀的文化成果，并形成了自己的文化特色，而这些优秀的文化成果也渐渐变成了世界人民共同的物质和精神财富。在此基础上，提出了一种“以人为本”的思想。尊重各国之间的文化习俗的不同。初步形成仁爱、民主、爱和平、关心人类共同发展的情怀。

在进行国际交流教育的过程中，主要通过对古代历史的学习，让学生明白，古代丝绸之路是东西方文明交流的桥梁，同时也意识到，文明交流具有双向性、竞争性和互惠性的特征，包容、吸收和创新是文明交流的智慧之举。理解了丝路的千年发展历程，凝聚了“团结互信、平等互利、包容互鉴、合作共赢，不同种族、不同信仰、不同文化背景的国家能够共享和平、共同发展”的丝路精神，理解了新一代青年的职责，成为丝路历史的谱写者，传承丝路精神。通过对阿拉伯古文明发展过程的分析，我们可以认识到“继承”与“传播”在人类文明发展过程中的重要作用。通过对近现代史的学习，让学生了解到，在新航路之后，世界历史发生了从地区到整体发展的重大转变，从那时起，国家之间在政治和经济贸易方面的相互依赖程度越来越高，一个全球化的时代已经初见端倪，从而让学生体会到在全球化进程中，先发与后发，强者与弱者所处的差异，从而意识到，在一个国家的崛起和衰落中，存在着一个国家所扮演的角色。感谢独立和平外交对中国发展、对世界和平做出的巨大贡献；对和平发展这一时代主题，对国际关系中平等互信、包容互鉴、合作共赢的精神有了深刻的认识，自觉地维护自己的国家利益，共同维护国际公平、公正的理念。要积极参加不同国家和地区的不同文化间的交流，要对人类所面对的全球挑战有更深的认识，更深刻地认识到人类命运共同体的含义和价值。

和平发展教育主要是通过学习世界近现代历史，让学生们了解到，在面临着剧烈变化的当今世界的时候，要坚持求同存异、和平共处，用对话、交流、合作的方式，寻求和谐发展，缓和、解决矛盾与争端逐渐成为主流。和平与发展是当今时代的主题。对“和平”“人权”“发展”“环境”“社会正义”等概念有了更深刻的理解。了解目前世界上人口、贫困、环境等问题的状况和成因。培养一种自尊的责任感，尊重和了解多元的价值观和文化，保护生态环境。胸怀祖国，关心世界，拥有宽广的眼界。探索全人类共有的价值观，促进各民族、各地区的相互了解与包容。强化善良、平等、公平、友爱、包容、智慧、诚信、和谐、共同繁荣。

（二）落实家国情怀核心素养的教学策略

在历史学科五个核心素养中，唯物史观是其灵魂，时空观念体现了学科本质，史料实证是学科研究方法，历史解释是一种历史表达，而家国情怀则是诸多素养中的价值目标。培养各项素质，实现立德树人的目标。在五大核心素养中，家国情怀是唯一指向情感、态度和价值观的核心素养，也是历史教学在情感、态度和价值观目标方面的终极归宿。所以，要想在历史教学中达到这个目的，除了常规的方式方法以外，还要引导学生从近及远、多重参照、叙史见人、以情感人，最后，在理性的基础上，形成他们的人文关怀和社会责任感。

1. 由近及远、扩展情感

家国情怀就是要让学生们对自己的家乡、民族和国家的认同，根据心理学的理论，这种认同必然是由近及远、由亲密到疏远的过程。所以，在教学中，教师要利用社区和乡土的资源，引导学生从关注周围做起，热爱家庭，热爱社区，最终成为一个爱国者。

2. 多重借鉴、养成情怀

家国情怀是培养学生对社会主义核心价值观念、对中华优秀传统文化、对其他国家优秀文化传统有深刻的认识和敬畏之心的核心素养。从这个角度来看，很容易就会发现，世界历史有着大量的可供我们学习的材料。

3. 叙史见人、以情感人

家国情怀核心素养的落实，主要体现在情感、态度、价值观的达成上。情感、态度、价值观三大因素的内涵和取向各不相同，但在共同的方面，都要努力培育学生丰富的情感，积极的态度，正确的价值观，让学生发自内心地产生家国的情怀。所以，在进行历史教学的时候，教师们可以选择一个或者一组典型的历史人物作为切入点，通过叙史见人的方式，让学生们在与历史人物的互动中，获得更多的情感经验，进而培养出一种正面的态度和正确的价值观，这样才能有效地实现家国情怀的核心素养。

第五章

历史学科核心素养与教师专业发展研究

第一节 历史学科核心素养与中学历史教师专业发展关系

一、历史教师专业发展概念及内涵

（一）教师专业能力

专业能力指的是一个人在某一特定的岗位上，所具备的专业技能。通常情况下，它包含了最基本的专业常识能力、运用专业知识来解决有关问题的能力和一定的科学研究和创新能力。而教师的专业素质，则是教师这个职业所特有的一种专业素质的具体体现，它不仅是一种教师最基本的生存素质，而且还是一种能够让教师适应并得到发展的核心素质。教师职业能力是一个多层次、多维度和多要素的有机体。根据叶澜的观点，新的教师应该具有：了解、沟通、运用多种教学方法的能力，管理班级的能力，研究的能力。郝林晓强调，“所谓的专业能力，就是教师作为一名专业技术人员，在教育教学活动中，能够运用教育理性和教育经验，灵活地处理教育情境，快速地做出反应，从而促进学生全面、主动、活泼地发展所需要的教育技能”。因此，教师的职业素质是指教师在教育教学过程中所应具有的一种心理素质，它直接影响着教育教学的效果。它是指教师基于自身所具备的各种素质，经过具体的教育实践和教学经验而发展出来的一种综合能力，主要包含了教育能力和教学能力。

（二）教师专业发展

教师专业发展是一个既有内涵又有复杂性的概念。在《教师专业化的理论与实践》中，教育部对教师专业成长的界定是："一个独立的教师专业成长过程，它是一个不断学习新知识，提高自己的专业能力的过程"。从上面对教师专业发展的众多定义中，我们能够发现，教师专业发展更多的是强调"教师个人的、内在的专业性的提升"，而这种提升不仅包含了教师的专业技能、专业知识水平、专业素质等能力的提升，还包含了教师专业知识、专业技能和专业精神的形成的具体过程。教师的专业成长是一个系统的、不断地自我更新与成长的过程。总体来说，教师专业发展具备以下三个特征：

第一，教师的成长具有动态性。教师的专业成长不仅与学科的专业成长有关，也与教育的专业成长有关。身为一名专业的学科工作者，教师要不断地积累自己的专业知识，发展自己的专业技能，提高自己的教学能力、反思能力、实践能力等，这个过程就是一个不断地更新和充实自己的内在专业结构的过程。教师作为教育工作者，要实现自身的自我发展，要明确自己的育人责任，就需要教师从幼稚走向成熟，不断提高自身素质。

第二，它是一种积极的成长。教师是专业成长的主体，不能被外部力量强制，而是要主动地、自觉地去完成。快速变化的社会资讯和持续不断的求知欲，都需要教师持续地进行自身知识能力的储存和更新。这种更新依赖于教师在过去工作和生活中所学到的经验和自己的知识储备等专业资源的整合，持续地展开积极的探索和反思，使自己能够充分地发挥出自己的能动性，从而产生出一种具有独特个性的关键智慧，从而推动自己的专业化发展。

第三，强调"过程"和"成果"相统一。教师朝着专业成熟，完成专业发展的方向不断地努力，最后达到专业成熟，完成专业发展的目标。这是一个发展的过程和结果。把教师的专业发展看作一个动态的、持续的、不断发展的过程，它能够让教师在每一个阶段的教学任务变得更清楚，从而对教师的教学水平进行评估，并对教师的专业发展有一个正确的认识。

（三）历史教师专业发展

历史教师的专业成长，不仅是培养学生历史学科核心素养的根本条件，而且也是进行历史教学的有效保障。只有对历史教师专业发展理念的提出和内涵有一个准确的认识，才能在历史理论的研究和历史教学的实践中取得巨大的进展，才能最大限度地发挥历史学科对学生的立德树人的功能。

1. 新课程改革呼唤历史教师专业发展

随着新一轮基础教育课程改革的不断推进，从态度、知识和能力三个层面对教师的素质和能力都有了很大的提升。新一轮的新课改经历了十余年的摸索，随着时间的推移，逐渐体现出“以人为本”的办学思想。从课程目标的设定和课程结构的变革，到课程内容和教学方法的革新，都对历史教师提出了更高的要求。

第一，新一轮的课程改革对历史教师的专业化提出了更高的要求。21世纪新的历史课程越来越强调其对高中生的教育作用，使他们能够在未来的社会中更好地发挥自己的作用，从而更好地适应未来的社会竞争。第二，新课改要求历史教师在课程内容方面进行专业化的培养；历史学是一门集文学、政治、经济、地理等多学科于一体的综合性学科。高中历史课程中，大量地增加了社会史、文化史、科技史等关于人类文明发展过程的内容，让学生能够切身体会到历史与生活、与个人之间的紧密联系，体会到科技进步对人类生活方式和思维方式带来的巨大影响。第三，新课改在课程设置方面突出了对历史教师的专业化培养；新的中学历史课程具有较强的综合性。无论在教学方式上，还是在学习方式上，都注重灵活性和多样性，以利于培养学生的创新思维。在21世纪日益多样化、复杂化和信息化的背景下，随着新一轮新课改的推进，中学历史教学工作面临着越来越大的压力。中学历史教师只有在教学观念上不断地更新，教学方法上不断地更新，不断地提高自己的专业水平，才能满足社会对历史教师的各种需求，才能真正地发挥出历史学科的育人作用，为历史教育的发展注入一股新鲜的、无穷无尽的动力。

2. 历史教师专业发展的概念及内涵

学生的发展与教师的教育密不可分，为了担负起历史学科的育人职能，历史教师要把新课程的基本理念、基本目标等转化为课堂教学的具体方式与手段，从一名教书者变成一名探索者与研究者，一名学生知识建构的促进者，一名校本课程的开创者。无论在新课改的大背景下，还是在时代发展的需要下，都对历史教师提出了更高的要求。尽管从不同的视角来理解的历史教师专业发展的概念可能存在差异，但它的内涵是明确的，具体表现为：

第一，历史老师，不管是教育者，还是一位全职教师，都要有一定的职业素养。首先，历史教师必须接受有关专业的培训，既要有扎实的历史基础，又要有广泛的相关专业知识。同时，从个人的角度来看，历史教师不仅要具备广博的学识，更要具备高尚的道德情操，认真负责的工作态度，还要具备自主发展的能力。

第二，历史教师的专业化成长经历了一个漫长的过程，一个多阶段，多方面的过程。它是一个不断学习和发展的过程，它包含了在历史师范教育阶段的本科学习，在入职培训阶段的岗前学习，在继续教育阶段的进修学习，在日常生活中的经历学习。历史教师的专业发展既与历史教师的教学有关，也与生活有关。所以，历史教师必须重视教育，热爱生活，在教学和生活中探索历史规律和教育真谛。

第三，历史教师的专业成长具有动态性。不管是在专业上，还是在人品上，他都有很大的成长空间。学生的成长和教师的成长一样重要。在整个历史教育工作的过程中，历史教师可以对自己的专业知识进行更新，提高自己的教学能力，同时还可以树立起正确的历史价值观和历史教育观，从而促进历史教师的专业发展。通过上述的分析，我们能够发现，历史教师的专业发展是一种历史教师在日常生活和教育的过程中，利用自我学习、自我反思、自我调控、自我建构的方式，对历史知识、教育理念、教育手段以及教育方法进行更新，对自身的素质和道德品质进行提升，进而对历史教育的专业能力进行持续的自我探索、自我完善的专业成长的过程。这一专业成长的过程，不仅是历史教师对自我发展的追求，也是历史教师实现自我价值的一个动态的过程，同时也是历史教师形成终身学习、终身研究、终身教育和终身提高的一个过程。

二、历史学科核心素养与历史教师专业发展的一致性

历史教育作为基础教育，担负着对学生进行核心素养培养的重任。新一轮的新课改，不仅对培养学生的核心素养提出了新的要求，也对教师提出了更高的要求。历史学科核心素养与历史教师的专业成长有着密切的联系。历史学科核心素养的培育是以历史学科教学为基础的，这就需要历史教师在具体的历史教学中去实施。历史教师的专业能力持续发展，可以使历史教师更好地将核心素养理念融入自己的教学工作中，从而指导学生构建核心能力、核心品质。从这一点来看，历史学科核心素养与历史教师专业发展在许多方面都具有一致性。

（一）背景一致

第一，“立德树人”的教育目标，需要对学生的核心素养和教师的专业成长进行双向的提高；在三维目标中，特别关注对学生的情感态度和价值观取向的培养，符合国家教育部“立德树人”的要求。教育要造就有用之人，更要造就有德之人。在这样的时代背景下，高校的历史课程教学就显得尤为重要。《普通高中历史课程标准》（以下简称《标准》）对历史课程的课程属性进行了深入的论述，提出了“历史学”是一门在特定历史观指导下，讲述、解释人类历史发展过程与规律的科学。追寻历史真理、总结历史经验、把握历史规律、把握历史潮流，是

历史学研究的一项重大社会职能。《标准》明确提出了“立德树人”是历史课程的基本任务，坚持正确的思想指导与价值取向，注重培养与提升是历史课程教学的三大原则。在学习特定历史课程的过程中，不仅可以培养具有历史学科特点的关键能力与必备品格，还可以帮助学生对自己的国家及世界历史有一个正确的理解，从而培养出正确的世界观、人生观和价值观。这就要求历史教师在课程结构上要设计好，内容上要选择好，课堂上要有效地实施好，才能培养出学生的历史核心素养。而历史教师的职业素质则是其对课程结构、内容和实施的掌握程度。党的二十大报告指出，要把教育事业放到实现中华民族伟大复兴的第一位，要持续强化教师专业化队伍建设，强化师德师风，打造高素质的师资队伍，倡导全社会尊师重教。中学历史学科所承担的历史教育职能，使“立德树人”的教育目的得以实现，必然离不开历史学科教学。这就需要教师在培养学生的历史学科核心素养的同时，也需要教师自身的专业能力的发展。所以，就立德树人这一教育目的而言，历史学科的核心素养和历史教师的专业成长之间存在着一种内在的联系。

第二，青少年历史感的不断缺失呼唤历史学功能的回归。在知识全球化和信息爆炸的时代，年轻人获得信息的途径变得更加多样，获得的时间变得更加短暂，而且信息的内容也变得更加多种多样，因此，他们所获得的信息中，对他们有用的知识好像变得越来越少，实用价值也变得越来越小。他们热衷于接受符合自己喜好的、以娱乐为目的的资讯，而忽略了对人格塑造和精神塑造有益的文化资讯。从他们多次的表演来看，他们并不缺少历史常识，缺少的是对历史的理解。

历史感指的是个人对人类和民族历史的理解与认同，它是对美丑善恶的认知、是非对错的鉴别，它是一种归属感、责任感、正义感。在“快餐文化”持续冲击、“历史戏说”之风日益严重的情况下，青少年历史感的缺失，造成了一种庸俗、浮躁的社会风气，因此，加强对青少年历史感的培育，是改变当前社会风气的必然选择。要想形成青少年的历史感，除了个人的学习、家庭的教育和社会的影响外，最主要的是学校的教育。在历史意识的培养过程中，学校是一个非常重要的地方，而历史课程又是与历史意识关系最为紧密的一门学科。在课堂上，历史教师对历史知识的讲解、学生之间对历史问题的讨论，能够让学生感悟历史、尊重历史，进而形成历史感。然而，事实却并非如此。在学校里，对历史有兴趣的人毕竟是一小部分，大多数人都觉得历史这门课没什么用，所以对历史的兴趣也就淡了，没办法很好地完成对学生历史意识的培养。作者认为，造成这种情况的主要原因在于历史教师自身。因为历史教师在上课的时候，过于重视对知识的讲解，机械地将历史时间、历史人物、历史事件等信息灌输给学生，而忽视了历史课堂的生动性、趣味性和新鲜性。因此，这种历史教学更多的是用来应付考试的，自然就没有考虑到历史本身的特性，不能让学生在学习知识的过程中，仔细地体味历史，去体会一个国家的文化和历史的气韵。但是，这一问题的答案却恰恰是历史学科的核心素养和历史教师的专业成长。培养学生的历史思维，培养其国际视野，提高其人文素质，具有重要的现实意义。对历史教师专业发展的要求，有助于历史教师持续提升自身的教师技能，完善自己的专业发展，可以妥善地解决历史知识讲解的正确性、针对性、全面性与历史本身形象性、具体性之间的矛盾，为学生提供一堂生动的、有趣的、鲜活的历史课堂，在不知不觉中培养学生的情感，让他们逐渐形成历史感。

（二）要求一致

《普通高中历史课程标准》在新修订的历史课程体系中，强调了培养历史学科的核心素养，并将其与建构历史课程体系相联系。必修课采用通史的方法，使学生能够从时间和空间上把握中国和世界的历史发展过程；选择性必修、选修课程采用的是专题史的方式，可以让学生对问题展开多角度的思考和深入的探究，从而培养学生的唯物史观、历史解释等素养。“通史”加“特史”的教学方法，不仅有利于培养学生的历史学科核心素养，而且还能将高中历史课程与义务教育历史课程区分开来并进行衔接。为此，我们应在全面掌握历史课程标准的前提下，从整体上对教科书进行整理，并不断地对教学内容进行整合。这既是历史学科核心素养对历史教师提出的要求，也是新课改下历史教师实现专业发展的必要途径。

第一，这两者都需要历史教师对课程体系进行深刻的剖析，对主题内容进行内部关联，抓住主题内容中的关键性问题，从而对学生的历史核心素养进行有效的培养。历史必修课是选择性必修课和选修课学习的基础，而选择性必修课和选修课又是对必修课的补充。在教学中，要对三大学科进行深入研究，找准三大学科间的关系，充实研究课题的内容。与此同时，历史教师要根据三类课程，对具体的专题学习进行梳理，确定该专题的主要问题，并将这些关键问题的解决与历史学科核心素养的发展相关联，以关键问题为中心，整合教学内容。

第二，这两者都需要历史教师从横向和纵向两个角度来设计有探索性的学习题目，以激发学生的兴趣，并引导他们进行多维的思维。"横向联结"则是指对同一时期内与国外的历史事件进行联结。对一个事件或一个现象进行横向比较，并对其产生的原因进行分析。在这样的横向比较中，学生能够清晰地认识到现象之间的差异，从而激发他们对问题的思考，从而形成历史思维。

第三，这两者都需要历史教师始终坚持"问题"的观念，坚持"问题"的导向，培养和提高学生的历史核心素养。在解决问题中认识历史，并通过阐述自己对问题的观点来阐释历史，培养学生的历史核心素养。任何一种素质的培养，都是以问题的提出和解决为前提的，因此，要把问题的引导作为一个切入点，并在一定的逻辑层面上进行提问。

（三）意义一致

如何提高历史教师的历史学科核心素养，提升历史教师的职业素质，对于培养学生的思维，促进历史教育的发展，促进社会的进步，都有着十分重要的意义。

第一，这两个方面都有助于培养全面发展的人，实现了历史学科“立德树人”的基本目的；多年来，我国学校进行了一系列的历史教学改革，尽管对素质教育取得了很大的成绩，但是，与“立德树人”的要求仍有很大的距离。这一问题的具体表现为：学校只追求成绩和升学率，学生的责任感、创新精神和实践能力较弱，历史教师的育人意识和能力还需要进一步提高。提出了历史学科核心素养，试图从课程改革的角度，从顶层设计的角度，来解决历史教育教学中存在的问题，以培养学生历史学科核心素养为出发点，要求把社会主义核心价值观的相关内容与学生全面发展的素养相结合，将教育方针内容细化、具体化，转化为历史教学过程中对关键能力与具体品格的具体要求，并将其融入历史学科的各个教学环节和教学内容中，深入回答培养什么人、怎样培养人的问题；使学生在掌握了历史的基础上，拓展了他们的历史视野，培养了他们的历史思考能力，使他们能从历史的发展过程中，了解、认同并认可社会主义核心价值观，以及中华优秀的传统文化，了解并弘扬了以爱国主义为主要内容的民族精神，以及以改革创新为主要内容的时代精神，拥有了开阔的世界观、人生观和价值观。

第二，有利于发挥历史学科价值，提高历史教育教学质量。过去的历史教学中，过于重视学生的知识和技能，教学目的仅仅是为了传授知识，而忽略了培养学生的综合素质和能力。历史新课程改革从时代要求角度出发，提出了“以培养和提高学生的历史学科核心素养为目标”的历史课程基本理念，以促进学生历史思维的培养。历史学科核心素养的提出，需要将我们的视角从对教师教学过程的关注转移到对课程实施过程的关注，从以师为本向以生为本转变。历史学科“核心素养”的提出，使得“历史思维能力”“历史阐释能力”和“正确的价值观”这三个方面的内容更为清晰；对历史学科核心素养内涵的明确，为历史教师的专业成长提供了一个新的发展空间。民族复兴有赖于教育，而教育的价值也有赖于历史研究。在历史学科核心素养的框架下，对历史学科教育进行重新定位，掌握历史学科的本质，这对历史教师持续开展自己的专业发展大有裨益，深入挖掘历史学科内在的本质特点，让历史学科能够与其他学科进行有效的融合，让学科边界变得更加柔软，让历史教师的教学技巧和水平得到更大的提升，让历史学科教育的整体价值得到重塑，让学生的历史学科素养得到全方位的培养，让历史学科的育人作用得到最大限度的发挥，让历史教育的教学质量得到提升。

第三，有利于顺应时代发展和社会变革潮流，增强国家的核心竞争力。“核心素养”的提出，不仅是新一轮历史课程改革的需要，而且也是国际上历史教育发展的必然趋势。不管是由政府主导的，还是由民间主导的，不管是中国的，还是国外的，对历史核心素养的研究都是随着社会的变化和时代的发展而产生和发展的，它反映了在新的时代背景下，对人所提出的全面的素质需求。一个国家的繁荣，离不开人才。中国在世界上的地位越来越高，影响力越来越大，在新的历史条件下，人才是中国发展的关键，也是中国发展的必由之路。当前的社会环境要求我们在历史唯物主义的指导下，对国内外形势进行辩证的分析；复杂的政治经济关系要求我们在时间和空间的概念下，从横向和纵向的角度对两国的历史进程进行对比；面对社会上纷繁复杂的信息，我们必须以史实的态度，去伪、取真；错综复杂的国际形势，冲突不断，各种问题层出不穷，这就要求我们在认识事实的前提下，对问题进行历史解读，找到问题产生的原因，尝试找到解决办法；在强调“文化软实力”和“国家形象”的时代，具有“家国情怀”的人才更能得到企业、社会和国家的青睐。从这一点来看，历史学科核心素养的内涵符合当前的发展趋势。提高历史教师的历史学科核心素养，是一种在推动历史教师专业化发展的基础上，与时俱进的一种措施，它有助于培养出具有重要品质与能力，能够适应时代发展与社会潮流的全面型人才，从而提高国家的综合国力与核心竞争力。

三、历史学科核心素养对历史教师专业发展的重要性

（一）历史学科核心素养要求历史教师进行专业发展

历史学科核心素养立足于历史学科的特性，对学生在史料实证、历史解释、家国情怀等方面提出了具体的素养要求。在历史教学中，教师要做到“课上讲授，课下指导”，有针对性地培养学生的历史核心素养。“如果不能提高老师的生命质量，教育的品质就难以提高；没有老师的灵性，就没有学生的能动性。”培养单纯的时间和空间观念，区别对历史的复杂解读和对历史的理解，以及对家庭和国家的重大情感的培养，都需要历史教师的引导。在教学过程中，教师既有指导，有规划、有解释、有引导、有控制、有奖励、有帮助、有扶持。教师是传递知识和价值的社会代表，教师对学生的影响是有意识或无意识的，不仅有知识方面的，还有人格、品质等精神方面的。教师有学问，学生也要有学问；教师有高尚的道德品质，就能激励学生成为高尚的人。教师是学生的明镜，要自觉地发挥自身的表率作用，要在知识和精神层面上不断提高自己，自觉地约束自己，规范自己，纠正自己，这就是“学高为师，身体力行”。历史学科的核心素养是一种新的教学理念。历史教师的学科核心素养，主要体现在其自身的实践活动中。所以，历史教师的学科专业能力的发展，一定要以历史教师的具体教学实践为基础，通过持续地提高自己的专业能力，在对自己的言传身教中，让自己的历史学科核心素养逐渐成熟起来。

（二）历史学科核心素养有利于促进历史教师专业发展

历史教师的专业成长是一个以认识和把握历史学科核心素养为前提的职业成长过程。正确理解和把握历史学科的核心素养，对于推动历史教师的专业化发展具有重要意义。在中学历史课程中，学生的核心素养如何形成和发展，离不开教师的教育和教学。学生获得历史知识和培养历史价值，都离不开有效的历史课堂教学。历史教师要实现对学生历

史学科核心素养的培养，就必须进行自我发展，充实知识，更新教学手段，提高职业道德，提高教学质量，有意识地、无意识地、有目的地进行着自己的历史教学。在这一自觉或不自觉的过程中，历史教师的历史学科核心素养在不断提高，专业能力也得到了不断的发展。综上所述，不管是从历史教师的历史学科核心素养的形成，对开展有效的历史课堂教学有好处，还是从历史教师应当承担起培养学生历史学科核心素养的责任来看，历史学科核心素养的提出，都对推动历史教师从不成熟到成熟的转变有帮助，从而实现自身的专业发展有帮助。

第二节　加强历史学科核心素养发展历史教师专业发展的策略

一、从教师专业发展角度谈历史教师学科核心素养的获取途径

历史学科核心素养和历史教师的专业发展在背景、内容和意义上是一致的，并且在一定程度上，它们可以相互补充、相互促进。历史教师能够通过自我专业发展来更新自己的知识，提高自己的教学技能，完善自己的人格，在不知不觉中培养自己的智慧和人格，提高自己的历史学科核心素养，用自己的积极发展来推动学生的发展。就像叶澜教授说的："没有老师的积极成长，就没有学生的积极成长；没有老师的积极创新，就没有学生的创造性。"总之，教师是既要提高教师自身素质，又要提高被教育者自身素质的一种事业。因此，可以从教师专业发展的角度着手，分析提高历史教师历史学科核心素养的途径。

（一）知识结构的更新

历史学的本质就是对历史的认识。历史学是一门高度综合的课程，它对历史教师的要求是，既要具备历史的专业知识，又要具备教育学、心理学等相关的学科知识，同时要具备实践知识和经验的积累。历史学所承担的育人功能与学科核心素养的内涵有很大的一致性，它们都着重在强调，历史教师要持续地对自己的知识结构进行更新，并指导学生在

多个维度上对历史事件和人物展开重构，从而拓展自己的历史视野，建立自己的历史认知，发展自己的历史思维。

1. 本体性知识

历史教师的主体性知识主要是指其所教授的某一门历史学科所特有的知识。历史本体论是历史教师职业素养中的一项重要内容，它是开展历史教学活动的必要条件，也是教师教育取得成功的必要条件。王守恒先生的《课程改革与教师专业发展》一书从四个角度对教师的本体知识进行了总结：内容知识、学科历史知识、学科思维方式知识、学科相关知识。对于历史学科来说，内容知识指的是基本史实、历史概念、历史规律以及历史事件发生的原因、过程、结果、影响等。学科发展史知识主要指的是历史学科的前沿动态，学科思维方法知识就是历史专题知识，其中包含了专题之间的时序性、因果性、相似性等内容。有关专业知识是指与历史专业具有相似性质和逻辑联系的专业，如历史文献、考古学等。作为一名历史教师，必须要掌握的基础知识就是本体性知识，本体性知识中所蕴含的时空观念、史料实证等历史学科核心素养，是历史教师进行以历史学科核心素养为基础的历史教学的前提条件。

2. 条件性知识

条件性知识是指与教师有关的教育学、心理学等学科的知识。简而言之，教师该如何教，是教师能否“教会”学生的一个重要保障。在当今知识经济的高速发展中，条件知识的增值是巨大的，其重要性是显而易见的。身为一名教育工作者，教师必须对教育学、心理学等方面的知识了如指掌，对学生的心理特点和情感特点有一个清晰的认识，对学生的学习规律有一个清晰的认识，只有这样，教师才能知道怎样去教会和教好学生。

“正因为人能够学习，教育才成为可能和必要。”在教育学和教育心理学中，学习理论是最核心也是最重要的一部分，只有对教育的本质、教育的一般规律、教育的理念等教育学观念有了深刻的理解，才会有正确的教育观。具体表现为：首先，要明确教育的实质是培养全面发展的人，而历史教育则是立德树人的具体实践，只有这样，历史教师才能更好地在教学过程中，重视对学生的历史学科核心素养的培养，重视对学生的情感态度和价值观的培养。其次，只有掌握了相关的学习理论、教学理论，掌握了学生的心理发展特点，掌握了学生的学习动机，历史教师才可以依据教育对象的身体、心理发展特点以及发展规律，为其选择合适的教学理论，并对教学内容和教学方法进行科学的设置。最后，还要具备一定的历史课程和教育学理论知识。任何一种学科都有它的基本构造、基本的概念、原理和规律。历史教师一定要对历史学科的原理、规律及历史课程的产生、发展等条件性知识有一定的了解，这样才可以在讲解知识的时候，做到有层次、有条理，让学生能够更容易地了解有关的历史原理，有助于学生进行记忆的迁移，进而产生顿悟。

3. 实践性知识

实践知识指的是教师在日常生活和教学过程中，持续累积的个体经验，它指的是教师在面对有目的性的行为时，所拥有的课堂情境知识和与之有关的知识。更确切地说，是指教师在教学中所积累的知识。建构主义知识观认为，知识是一种主体性和客体统一性的知识。所以，学习者的有意义的学习是以自己已经有的实践经验和知识为基础的，并强调主体原有的知识经验在其中的基础作用。从这一点中，我们能够看到，历史教师的实践性知识主要指的是历史教师根据现有的知识储备和自己的亲身经历，所形成的对历史教学和学生发展有利的经验总结。这种经验总结具有历史学科的特点，侧重于理解、解释和态度的形成，它是历史教师个人特点和教学智慧的体现。历史教师要学会把历史本体性知识、条件性知识等，内化为自己的专业技能，在开展历史教学的过程中，可以把现有的知识、过去的经验等，转变成可以解决现实的教学问题的知识。在这种情况下，历史教师能够发挥出正确的判断、清晰的组织和坚定的执行能力。在历史教师的有规划的引导下，学生可以通过对历史学科基本知识的掌握，形成历史认知，发展历史思维，培养历史情怀，最终形成对家国情怀的人文追求。也正是因为历史学所具有的教育作用，才使历史教学变得更加清晰，它是一个让学生学会感知历史、认识历史，再理解历史，最终陶冶情操的过程。在此过程中，实践知识占主导地位，不仅对培养学生的历史学科核心素养具有重要意义，而且对教师自身的专业化发展也有积极的促进作用。

4. 通识性知识

通识性知识，也就是基础知识，它是指教师所应具备的对有效教学和开展教学工作有利的所有一般文化知识。历史是过去与现在的对话与互动，这是历史永恒生命的所在。“历史学家与历史事实之间交互的过程——我曾经称之为现在与过去之间的对话，不是一场抽象的、孤立的个人之间的对话，而是当今社会和昨天社会之间的对话。”而实现过去与现在对话的关键是博古通今。教育，就是将人类的所有知识传授给所有的人的所有艺术。历史是一门具有科学性质的人文科学，它具有与其他学科相比较的共同和特殊之处。历史是一门博大精深的学科，它的特点之一就是它的综合性。一方面，它包含了政治、文学、经济、艺术、社会、科学、地理等其他学科的知识；另一方面，我们必须谈到每一门学科的起源、发展和变化。可以说，任何事情，都是有历史的。就像马克思说的那样，“我们只懂得一种科学，那就是历史”。这就对历史教师提出了更高的要求，他们不仅要拥有更高的文化水平，还要拥有更广阔的人文视野，还要能够上知天文、下知地理，还要掌握社会科学、人文科学、自然科学等方面的相关理论和知识。

（二）专业智慧的提升

学习不是机械性、直接的，而是学习者通过感觉和知觉获得的，是一个能动的、积极的、有意识的、有思想的、有经验的、有知识的人。因此，历史教师要在自己的专业智慧上下功夫，用合适的教学内容和教学方法，来激发学生的内在动力，从而激发他们的学习兴趣。

1. 课程智慧

课程智慧是教师专业智慧之一，它体现在对教材内容、教学内容的掌握上。首先，在历史课程的基础上，结合历史教材对历史课程的要求，提出了新的要求。历史教师要在充分理解课标要求、熟练掌握教材内容的前提下，以教师自身知识储备和各个班级的具体学习情况为依据，有针对性地选择知识，并有计划地展开教学。《普通高中历史课程标准》是根据中国国情，在总结了多年来新课改经验的同时，吸收了国外先进的新课改理念，逐步形成的。它对历史课程的基本性质、基本理念、课程目标、课程结构等进行了简要而深入的论述，同时还对历史教师的教学工作提出了一些具体的要求和实施的意见，这是历史教师开展历史教学工作的前提条件。在面对一个历史知识点的时候，对于学习者来说，要记住历史事件发生的时间、起因、经过、结果并不困难，但是要对这一历史事件展开原因分析和结果分析时，就不是那么简单了。这就要求学习者从庞大的记忆库中抽取有针对性的历史知识来回答问题。对于学生来说，是这样的，对于历史教师来说，也是这样的。在众多的历史知识中，怎样从中提炼出正确的、有意义的、有利于学生全面发展的知识，就是历史教师必须具备的学科专业智慧。所以，作为一名历史教师，必须对历史课程标准进行深刻的分析，在吃透课程标准的前提下，对历史课程标准进行深入的研究。

其次，历史的流逝说明了历史的不可逆转性，只有透过史料才能了解历史，这就是为什么史学要强调“理论从历史中来”。然而，历史也是前人的主观记录，对于相同的历史事件，不同的人可能会有不同的观点和记载，这就导致了史料的真实性难以判断。历史讲究的是证据和真理。虽然前人已为我们提供了无数的历史资料，但我们却只能选择那些真实可信的史料来加以证明。历史亦有正史和野史之分，要对一段历史做出准确的理解，需要从多角度搜集资料加以证实。他不能完全相信正史，也不能完全抛弃野史。在历史教学中，教师应善于辨析史料，运用多种资料，从多角度论证自己的论点。在教学中，历史老师可以选择适当的素材来讲授知识，也可以选择从多个角度证明事实的史料来丰富教学内容。“史实”既是研究史学的一种重要方式，也是为人处世的一种重要原则。只有对史料的真实性和准确性进行分析，才能使史书具有可信性；要培养学生的正确的历史观，就必须对其进行适当的教育。历史教师在课堂上传授给学生的实证方法，可以在不知不觉中帮助学生建立起一种求真、求实的意识，在面临外部诱惑的时候，可以明辨是非，可以选择正确的人生道路。

最后，要注重教学内容的深度和新颖性。“语言不在多，而在于精”，这是对语言的深度的要求。历史教师在对一个历史问题进行论证时，应在旁征博引的基础上，选择最能进行论证的史料，对其进行深入的分析，以求一针见血，一语破的。讲座言简意赅，意味深长，这也是历史教育所给予人的一种深邃和睿智的印象。要有独特性，就要有一位历史教师的观点，不能随波逐流。历史教师要有智慧，要在中华五千多年的悠久历史，从中汲取经验和智慧。在发表意见的时候，可以选择一些新奇的素材来证明自己的观点，而不是空洞无物。一位具有独特见解的历史教师，他的课不仅富有哲理，而且诙谐幽默，让人一眼就能捕捉到他的兴趣。就像一首美妙的曲子，让学生在欣赏中感受到历史独特的魅力，激发他们的创新思维。

2. 教学智慧

教学智慧强调教师自身在教育领域内所具有的一种职业素养。布鲁纳倡导的是发现式学习，他主张注重学习的过程，注重主题的学习结构，既要注重分析推理，又要注重直觉思维，还需要调动学习者的内在动力，这些都是一种教育方式。教学是有规律的，但没有固定的方法。每一位历史教师都应当拥有自己特有的教学方式和教学特点，在对教学方式进行选择和应用的过程中，让学生自己去寻找解决问题的方法，并对他们的创新思维进行培养。它不仅反映了历史教师的基本素质，而且反映了其自身的专业素质。运用好语言教学法。历史是一种人文科学，不像数学那样，可以通过一系列的公式和数字来证明你的观点，而是注重语言。历史是有生命的，它指引着人们从过去的经验中吸取教训，不断向前迈进；历史也是死物，不能把那个时代的情景重现给人。一般人是不能和历史直接交流的，他们了解历史的方式就是从记载着历史的文献中去了解历史。与此类似，学生对历史知识的认知也主要来自课堂上的历史教师的讲解，而这些讲解又以语言为主。因此，在我们的历史课堂中，经常能见到教师讲授得条理清晰，学生能全神贯注地聆听，可见语言在历史学科中的特殊作用。因此，历史教师要用好以语言为载体的教学方法，其具体包括说、读、听三个方面。

第一，历史教师要会说历史。“会说”是指历史教师在讲授历史知识时，能讲得清楚，讲得生动。历史是按照时间的先后次序发展的，因此，在研究历史的过程中，时间和空间的概念是必不可少的。中国的五千年的历史，人类的上万年的历史，地球的数十亿年的历史，历史教师有很多东西要讲。所以，在教学中，我们要把历史的脉络联系起来，让学生清楚地看到历史的本来面目。尽管历史已经成为过去，但是当时的情况却是那么的具体，那么的生动。在教学过程中，要把历史故事讲得尽量贴近现实，让学生感受到历史的真实感。这种活灵活现的授课方式，并不是说教师们离开了历史的现实，只说他们所说的课堂效果，而是说历史教师们在对历史史料有深刻理解的基础上，所说出来的最接近于历史事件发生时的真实结论。无论这是一次离别的遗憾，一次悲伤的出征，一次惨烈的战斗，这都是一段鲜活的历史。

第二，历史教师要会读历史。历史文本是死的，而历史却是“生命”的，“文字”所蕴含的历史感情是“真实”。不管是课堂上的知识传授，还是课后的历史读物，都对历史教师的教学提出了更高的要求。这种会读是以历史教师对历史事件的深刻理解为基础，就像是自己置身于历史之中，成为历史事件中的主人，从而产生的最真实的情感。例如，当一位历史教师讲到日本侵略中国的时候，他的语气就会变得低沉而忧伤，而当讲述中国人民历经数年抗击日本侵略者的故事时，其语气应当是激昂的、欢欣鼓舞的。历史教师用一种抑扬顿挫的语气，让学生们体会到了语言中所蕴含的感情，从而产生了共鸣。

第三，历史教师要会听历史。历史并不只是一个人的历史，它平等对待每一个人，谁都可以评论它，这就是所谓的“历史就像任人打扮的女孩”。谁都可以说，那么，难免会有偏差、有错误。所以，历史教师要会听历史，可以在充分尊重学生声音权的基础上，对所听到的内容进行慎重的选择，可以正确鉴别学生所讲的历史知识、历史观点、态度价值观的正确性，从而有针对性地对学生展开价值引导。首先，要善于运用“工具型”教学法。历史的“过往”性质决定了我们无法直接和历史对话，而只有借助一系列的“工具”才能帮助我们进行历史教育。教学手段以传统的可视化教学手段为主，并辅以现代化的科技手段。历史课程的普通直观教具包括了历史图片、历史图标、历史地图、历史遗迹等；现代资讯科技的传播媒介，包括网络课堂、幻灯、影像、音像等。尽管历史多以文字记载，但也有许多可以用来佐证历史的图片，比如画家通过对史料的研读，给许多历史事件、历史人物附的图。尽管这些照片并不是百分百符合历史，但是却能给我们一种视觉上的感觉，一种参照，使学生从照片中了解历史。其次，在历史教学中，要懂得如何正确运用历史地图；透过对一张历史地图的细致考察，我们可以了解到，在一国的国策中，地理位置是多么重要。例如，通过对春秋战国七雄地理位置的考察，有助于学生了解“合纵连横”战略的产生背景和实际意义；通过对元、明、清三代中国疆土变迁的比较，学生能直接体会到中国在明、清两代所处的政治环境，进而了解到中国在近现代社会中的衰败表现及其原因。古迹是最能体现历史时代气息的，也是最贴近历史的。在历史教学中，如果有可能的话，还可以通过对历史遗址的实地考察，让学生了解历史。另外，历史教师在使用直观教具的同时，也要充分利用现代化的多媒体技术。例如，可以使用现代信息技术，对历史的教学情境进行模拟，使用网络资源等，让学生在网络上互相帮助，使用物联网，进行专题研讨等。现在，大部分的历史教师都采用了幻灯片教学法。使用幻灯辅助教学，能弥补直观教具不具备的灵活性和活动性。历史纪录片、以历史为题材的电影、电视剧等，都能为学生提供丰富的历史知识。将书本知识和视频知识进行比较，可以让学生更好地认识到影视作品中的历史知识和真实历史之间的差距，从而让学生认识到史论结合的重要。最后要实现由被动式学习向探索式学习的转化，就必须运用各种教学手段，以调动学生的学习兴趣，发挥他们的主动性。

二、从课堂教学角度谈历史教师学科核心素养的获取途径

学生对历史学科核心素养的理解与掌握，是在具体的历史教学活动中形成的。所以，历史教学是培养学生历史学科核心素养的根本途径。要想真正地以历史学科核心素养为基础进行教学，教师们需要树立起一个正确的认知观、教学观和评价观，从知识本位向素养本位的方向转换，努力将学生对知识的学习过程转换为发展核心素养的过程。能否真正实现历史学科核心素养，关键在于大多数的一线历史教师对其的理解和领悟，以及在教学中的实际执行水平。因此，历史教师要充分发挥课堂的作用，将历史学科素养的要求渗透到教育的每一个过程中，使学生在获取知识的过程中，对历史学科核心素养有一定的了解和领悟。

（一）在教学设计中融入历史学科核心素养

建构主义理论认为，知识只是一种假设、一种解释，它是主观的，随着人类社会的发展而不断变化。在解决具体问题时，我们不能随便取来就用，而要根据具体情况进行再创造。因此，教师不能简单地拿来使用教材，而是要根据具体的教学内容和学情特点，对教材进行再开发。培养学生的学科核心素养，离不开教师对历史课程的开发。就像叶澜教授说的那样："在我们的日常教学中，我们可以看到，老师对于教材内

容的育人价值的选择，对于教学过程的设计，对于在课堂上与学生相处的态度等，都蕴含着老师的价值观，也蕴含着老师对于要培养什么样的人的理解。”其主要体现在以下两个方面：

第一，历史教师如何重新发展自己的课程，首先要看他们如何掌握自己的教育目标。在此基础上，以培养学生的历史学科核心素养为出发点，以培养核心素养为最终目的。在此基础上，提出了一种新的、有针对性的、具有鲜明特点的、具有创新性的、具有普遍性的、具有综合性的历史教育理念。在设计教学目标的时候，历史教师不仅要根据课程标准来确定教学目标，还要从培养学科核心素养的角度来制定切实可行的教学目标，把历史学科核心素养的五个方面有机地结合在一起，而不是将它们相互割裂。

第二，历史教师对课程的再开发，还体现在历史教师对教学内容的把握上。在展开教学设计的时候，要对课程内容展开价值化的取舍，对历史教学所具有的育人作用进行明确，从中挑选出对学生核心素养养成最有利的知识，树立起“以完成学生历史学科核心素养的培养”的教学目标，将“少而精、素养化”的教材内容作为教学的支点，从而促进学生学科素养的形成。

（二）在教学实践中贯彻历史学科核心素养

历史学科知识不能直接转化为学生的素养，它只是一个构成历史学科核心素养的载体，而历史教师所开展的学科活动才是学生核心素养形成的渠道。简而言之，就是历史教师在课堂上对学生进行知识的传授。它是历史教师在课程标准下对学科知识的理解、消化与加工，并在此基础上对知识的转化与升华。将历史学科核心素养融入课程的实施之中，能够让学生深刻地感受到历史教学与历史素养的完美融合，从而感受到能力提升、人格提升的魅力。在这一过程中，教师应注意四个方面的问题：一是要有针对性地创设好历史情境。历史是一件已经发生的事情，要想了解并认识历史，就必须要了解、感受、体会历史的真实情况以及人们在那个时候所面对的现实问题，然后才能去理解历史，去解释历史。二是随机性引导法、支架式引导法和锚定法都强调情境的创造。三是建构主义的学习理论认为，知识是特定的经济、文化、政治等因素的产物，它具有情境性，能够在情境中进行深刻的认识。四是历史是一种已经过去了的知识，它具有过去性、不可再现等学科特性，这就需要历史教师创造出相应的历史情境，让学生在特定的情境中，去体会历史的魅力。

参考文献

[1] 马月冰. 高中历史教学中的家国情怀教育［J］. 山西教育（教学），2023（1）.

[2] 王玲. 基于历史核心素养的高中历史教学研究［J］. 新课程，2022（42）.

[3] 周伟云. 新课程下高中历史教学理念的转变［J］. 新课程，2022（42）.

[4] 杨源明. 高中历史教学中情境教学与情感教育的结合［J］. 天津教育，2022（31）.

[5] 滕小兵. 高中历史教学中核心素养培育途径探索［J］. 天津教育，2022（31）.

[6] 王芳. 高中历史教学中的文化认同教育［J］. 基础教育研究，2022（20）.

[7] 郭丹. 浅议高中历史教学中空间观念素养的培养策略［J］. 吉林教育，2022（30）.

[8] 张月. 浅谈高中历史教学现状及优化建议［J］. 新课程，2022（36）.

[9] 许双成. 高中历史新课程实施中教师教学状况研究［D］. 西安：陕西师范大学，2012.

[10] 水娇娇. 高中历史课堂师生互动问题研究［D］. 西安：陕西师范大学，2011.

[11] 王泽晋. 探讨历史故事在高中历史学习中的运用效果［J］. 新一代（理论版），2017（19）.

[12] 马英. 构建高中历史高效课堂的探究［D］. 北京：北京师范大学，2012.

[13] 吴雅可. 好莱坞历史片在美国高中历史教学中运用［D］. 上海：上海师范大学，2016.

[14] 张涛. 中学历史地理知识教学研究［D］. 郑州：河南大学，2014.

[15] 吴丹. 高中历史教学中史地知识整合研究——以人教版高中历史必修教材为例［D］. 长沙：湖南师范大学，2016.

[16] 梁少萍. 在中学历史教学中加强历史地理知识的运用研究［D］. 南京：南京师范大学，2014.

[17] 程燕. 高中历史教学中培养学生历史时空观念的策略研究［D］. 福州：福建师范大学，2016.

[18] 庄小红. 浅论高中历史教学中价值观的教育［D］. 长春：东北师范大学，2009.

[19] 中华人民共和国教育部. 普通高中历史课程标准（2017年版）［M］. 北京：人民教育出版社，2018.

[20] 梁启超. 中国历史研究法补编［M］. 北京：中华书局，2014.

[21] 司马迁. 史记［M］. 北京：中华书局，2006.

[22] 班固. 汉书［M］. 北京：中华书局，2007.

[23] B. A. 苏霍姆林斯基. 给教师的建议［M］. 杜殿坤，编译. 北京：教育科学出版社，2008.